心安らかになる観音巡礼の旅へ

西国三十三所札所会会長
第十三番札所 石山寺座主
鷲尾《わしお》 遍隆《へんりゅう》

西国巡礼は１３００年の歴史がある日本最古の巡礼

西国三十三所巡礼は１３００年の歴史をもつ日本で一番古い巡礼です。開創されたのは、長谷寺の徳道《とくどう》上人という方で、始まりについて次のように言い伝えられています。

養老２年（７１８）のこと、重い病気になられた上人の夢に、閻魔大王が出てこられました。閻魔さまは「お前はまだ死ぬことを許さない。世の中の苦しむ人々を救うため、三十三所の観音霊場をつくって、人々に巡礼をすすめなさい」と上人に命じ、33の宝印を授けました。蘇った上人は、その通りに三十三所の観音霊場を設け、一生懸命に巡礼を広めようとするのですが、人々に信じてもらえません。それで機が熟するのを待つことにして、33の宝印を中山寺に埋納したのち、亡くなられました。

それから約２７０年後、今からいうと約１０００年前の平安時代のことです。すでに伝説化していた33の宝印を花山《かざん》法皇が掘り出して、三十三所巡礼

を復興させました。花山法皇は政争に巻き込まれて2年で天皇の座を譲り、19歳で出家、それからは仏道修行に打ち込まれた方でした。その後、札所の順番が変わったりもしていますが、西国三十三所巡礼が今のような形になったのはこの時代のことです。

ちなみに、なぜ三十三所かということもお話ししておきましょう。いわゆる「観音経」には、観音さまは33の姿に変わり、人々をもれなく救うと書かれていまして、三十三という数字はそこに由来しているのです。

札所の順番にとらわれず どこから回ってもよい

このような由緒のある巡礼ですが、これから始められる方は、あまり難しく考えず、まずは気軽に参っていただければ結構かと思います。近年は御朱印ブームだそうで、そういうところから興味を持っていただくのでもよいのです。まずは寺を訪ね、観音さまと縁を結んでいただく。そこから札所の由緒を知って、信仰心が芽生え、じゃあ全部回ってみようかということになれば、ありがたいことです。

また失礼ながら「馬子《まご》にも衣装」という言葉もあるように、形から入るというのもいいでしょう。伝統的な巡礼装束を一式揃えるのは難しくても、半《はん》纏《てん》状の笈摺《おいずる》という白の上衣をまとう、あるいは観音菩薩の分身である金剛杖を用いるとかですね。四国巡礼では弘法大師と一緒に巡るという意味で「同《どう》行二人《ぎょうににん》」といいますが、西国巡礼でいう「同行二人」は、観音さまと共に巡るということなのです。

札所には1番、2番と番号が付いていますが、どこから回るのでも構いません。家の近くのお寺や、何かしらご縁のあるお寺にまず行く、そういうことでよいのです。1回訪ねて気に行ったら何回も同じ寺へ行く、そういうこともまたありです。

例えて言うなら、観音さまは自分が平穏な時に拝んで幸せにしてくれる、いわば漢方薬のような仏さまです。これに対して、お不動さんなどは、例えば体の痛い所を早く治してほしい時に拝むような仏さま。観音さま、観音巡礼というのは、じっくり回って、じわじわと効いてきます。言葉は悪いですが、だまされたと思って、参ってみてください。だんだんと良さがわかり、心が休まることでしょう。そうやって巡っているうちに、自分の心を見つめ直せ、悩みもとれる。だからこそ、1300年も続いてきたのです。

　さて、2018年は、徳道上人が西国三十三所巡礼を開創して1300年という節目の年になります。そのため私たち西国三十三所札所会では、2016~2020年の5年間に、さまざまな記念事業を行ってまいります。2016年春は石山寺、2018年は長谷寺、2020年は中山寺で、というように大規模な法要を何度か営むほか、それぞれの札所では、期間限定の御朱印を授与したり、秘仏秘宝の特別公開などを行う予定です。

　このような行事が機会となって、観音さまとご縁を結ばれる方がもっともっと増えれば、私たちにとってもこの上ない喜びです。

観音巡礼はじっくりと、じんわり心に効いてきます。

目次

西国三十三所観音霊場をめぐる旅

西国巡礼の旅は、
常在不滅の仏を求める旅。
それは、とりもなおさず
自分の心を見つめる旅だ。

宝珠を載せた屋根のシルエットが美しい興福寺南円堂（第9番札所）。本尊の不空羂索観音坐像は、毎年10月17日のみ開帳される

左／一乗寺（第26番）の本堂へと続く石段を、金剛杖を手にした巡礼者が上って行く。昔も今も変わらぬ風景である

中山寺（第24番）の仁王門には多くのわらじが奉納されている

巡礼のかたちは人それぞれ
まずは気軽にお参りを

観世音菩薩は慈悲深い仏である。衆生の求めに応じて、33の姿に変身し、あまねく救いの手を差し伸べてくれる。古来、観音の霊験はさまざまに語られてきたが、裏を返せば、それだけ人々に信仰されてきた証。多数の仏のなかで、観音こそが最も庶民に親しまれ、信仰されてきた仏といってよい。

西国三十三所巡礼は、その観音を祀る33ヵ所の古寺を巡拝するもので、日本最古の巡礼といわれる。奈良時代に徳道《とくどう》上人が開き、平安時代に花山《かざん》法皇が再興して以来、今日まで連綿と続けられてきた。

三十三所は近畿2府4県と岐阜県の広い範囲にまたがって点在している。1番の青岸渡寺（和歌山県）から33番の華厳寺（岐阜県）まで、順番通りに巡れば約1000㎞の道のり。古人はこの観音に救われたいとの思いから、この長く険しい道を歩いた。

それに比べれば、交通手段の発達した現代では、巡礼も身近なものとなった。歩いて巡る人は稀で、公共交通機関や車で訪ねる人が大半。また札所の順番にとらわれることなく、どのように回ってもいいので、何度かにわけて、じっくりと巡拝するのが一般的だ。

巡礼の目的も現在では、人それぞれといえるだろう。切実な願いに基づく信仰心からという人も少なくないが、癒しを求めて、自分探し、レクリエーションなど、さまざまな目的で行われている。札所の中には、観光名所として知られる寺もあれば、四季の花や紅葉の名所も多い。また観音霊場の特徴として、自然に恵まれた山中に立つ寺が多いことから、霊場巡りは自然と心身の健康にもつながる。

動機がなんであれ、慈悲深い観音さまはまず温かく迎え入れてくれる。どのお寺からでもいい、気軽にお参りすることから始めてみたい。

西國三十三所
御山主総供養
維時

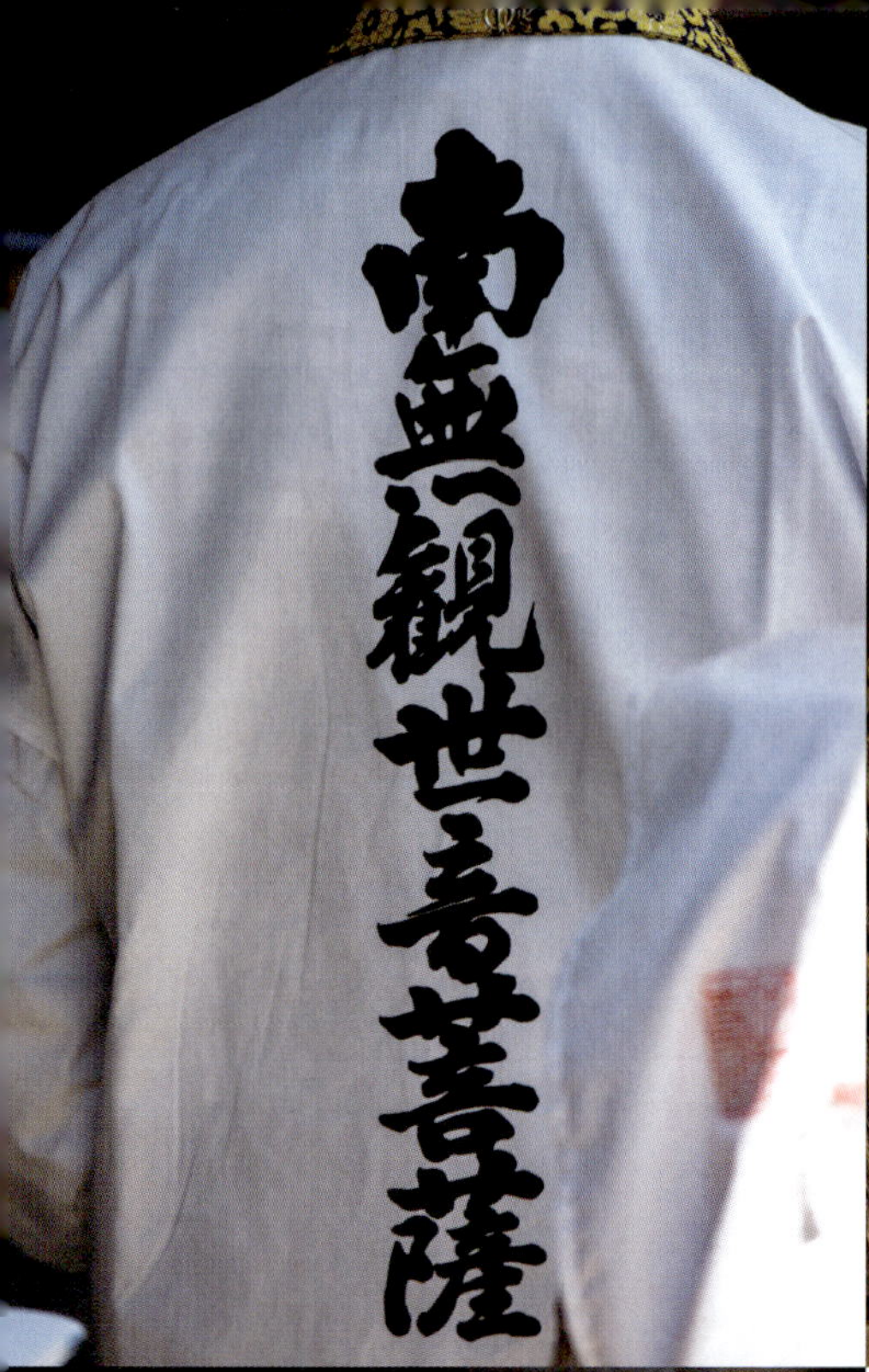

上右／金色に輝く施福寺(第4番)の札所本尊・十一面千手千眼観音立像は常時拝観可能。穏やかな表情で私たちを迎えてくれる

上左／現世においてさまざまな願いを叶えてくれるという観音菩薩は、古くから庶民信仰を集めてきた仏さま。写真は松尾寺(第29番)で

下左／仏前に供えられた線香。参拝時にはまず手水所で手や口を清めた後、ロウソクや線香を手向ける。写真は園城寺(三井寺＝第14番)で

左頁／「花の醍醐」と謳われる醍醐寺(第11番)。ソメイヨシノや山桜、八重桜などさまざまな桜が咲き誇り、境内を薄ピンク色に染める

左／青葉山の中腹に立つ松尾寺(第29番)のお堂の軒下に安置されている仏さま。赤い頭巾と前垂れがよくお似合い

下／青岸渡寺(第1番)がある那智山への古来の参詣道、熊野古道「大門坂」。鬱蒼と茂る杉の巨木の間に石畳の道が続いている

左頁上／「花の寺」としても名高い三室戸寺(第10番)。梅雨時に咲き誇るアジサイに続き、夏には本堂前で清らかなハスの花が咲く

左頁下／清水寺(第16番)の西門(さいもん)越しに望んだ落日の風景。夕陽が空をオレンジ色に染めて厳かに沈んでいく

右頁上／善峯寺（第20番）のアジサイ。善峯寺は境内全体が回遊式庭園になっており、アジサイのほか、桜、ツツジ、秋明菊などが折々に咲く

右頁下／「勝運の寺」として信仰を集める勝尾寺（第23番）では、参拝者がひいた小さなダルマみくじが境内のいたるところに置かれている

上／華厳寺（第33番）の笈摺（おいずる）堂。満願を迎えた巡礼者は、巡礼時に着用していた笈摺や菅笠をこの堂に納める慣わしがある

右／ロウソクのほのかな灯りに所願成就を託して、慈悲深い観音さまに一心に祈願する。写真は金剛宝寺（紀三井寺＝第2番）で

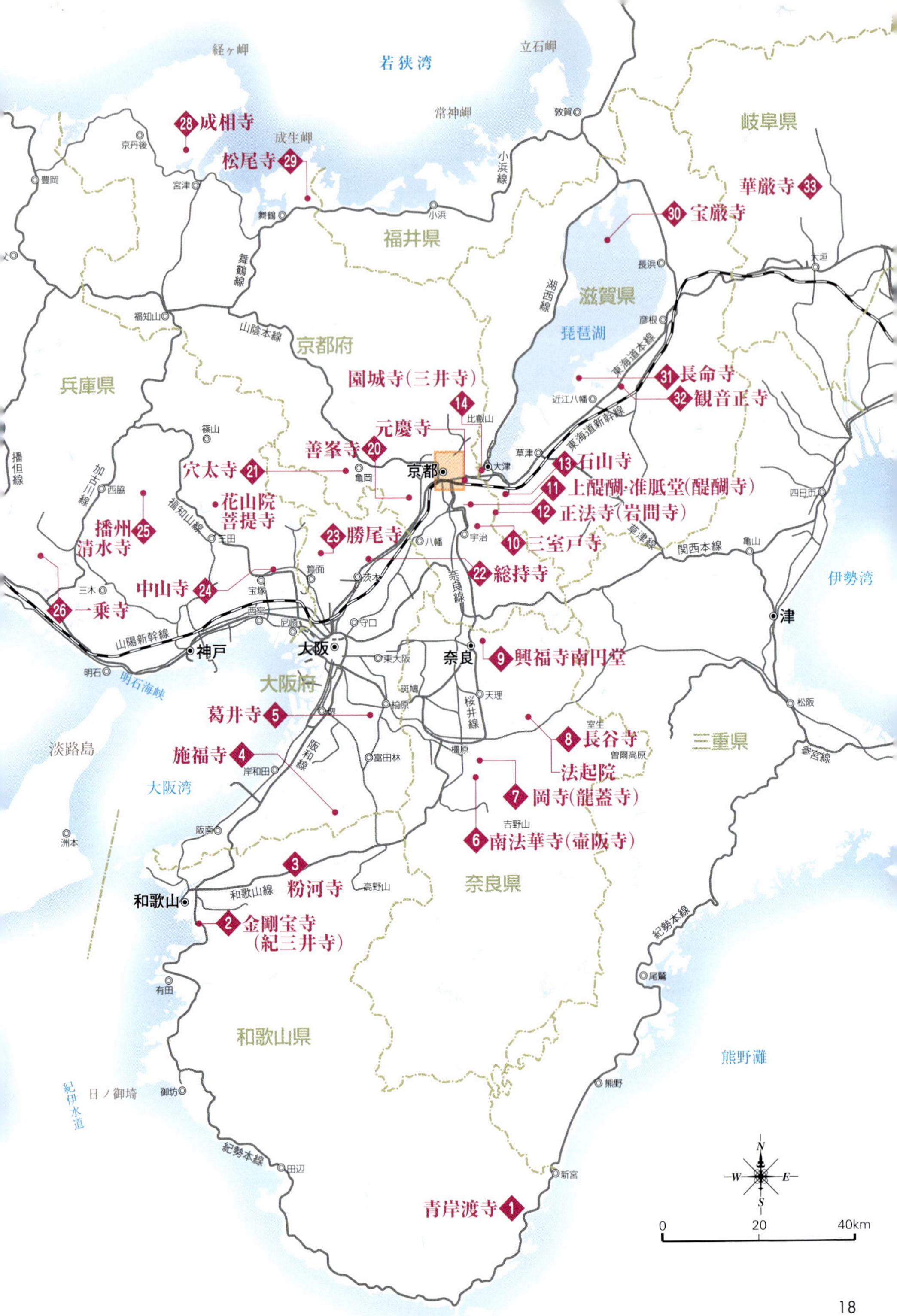
若狭湾
経ヶ岬
立石岬
常神岬
成生岬
敦賀
岐阜県
28 成相寺
京丹後
29 松尾寺
豊岡
宮津
舞鶴
小浜
小浜線
華厳寺 33
30 宝厳寺
福井県
舞鶴線
長浜
大垣
湖西線
滋賀県
福知山
彦根
琵琶湖
山陰本線
京都府
東海道本線
31 長命寺
園城寺(三井寺)
32 観音正寺
兵庫県
近江八幡
14
比叡山
元慶寺
東海道新幹線
篠山
善峯寺 20
草津
大津
13 石山寺
播但線
穴太寺 21
京都
加古川線
亀岡
11 上醍醐・准胝堂(醍醐寺)
西脇
花山院菩提寺
四日市
福知山線
12 正法寺(岩間寺)
播州清水寺 25
23 勝尾寺
宇治
10 三室戸寺
三田
八幡
草津線
関西本線
亀山
箕面
茨木
22 総持寺
伊勢湾
中山寺 24
三木
奈良線
宝塚
26 一乗寺
西宮
尼崎
津
守口
山陽新幹線
神戸
大阪
奈良
9 興福寺南円堂
東大阪
明石
明石海峡
大阪府
斑鳩
天理
柏原
葛井寺 5
堺
桜井線
松阪
室生
8 長谷寺
三重県
淡路島
曽爾高原
阪和線
施福寺 4
富田林
橿原
参宮線
岸和田
法起院
大阪湾
7 岡寺(龍蓋寺)
吉野山
阪南
洲本
6 南法華寺(壺阪寺)
3
粉河寺
奈良県
和歌山線
高野山
和歌山
紀勢本線
2 金剛宝寺(紀三井寺)
尾鷲
有田
和歌山県
熊野灘
紀伊水道
日ノ御埼
御坊
熊野
N
W
E
S
紀勢本線
新宮
田辺
青岸渡寺 1
0
20
40km

西国三十三所
観音霊場マップ

〈京都市中心部〉

訪れる前に知っておきたい

西国三十三所の基礎知識

西国巡礼とは何か

◆西国三十三所は近畿２府４県と岐阜県に点在する観世音菩薩（観音）を祀る古寺の総称。これらを巡拝することを西国巡礼、西国観音巡礼という。日本には西国巡礼のほかに、四国八十八ヵ所、坂東三十三ヵ所などさまざまな巡礼があるが、西国巡礼が最も古い歴史をもつ。巡礼者は各寺を巡り、観音に祈りを捧げ、御朱印（御宝印）をいただく。すべて巡ると満願となり、宝印が揃った御朱印帳を持っていると、極楽浄土に行けると信仰されている。

西国巡礼はいつ、誰が始めたのか

◆伝説によれば、養老2年（７１８）、長谷寺の徳道《とくどう》上人が始めた。上人が病で仮死状態となった時、夢に閻魔大王が現れた。大王は「おまえはまだ死ぬのは早い。悩み苦しむ人々を救うため、三十三所の観音霊場を広めよ」と告げ、33の宝印を上人に授けた。蘇生した上人は霊場を設けて巡礼を広めようとしたが、人々に信じてもらえず、やむなく宝印を中山寺の石棺に埋めた。それから約２７０年後、この宝印を探し出し、西国巡礼を復興したのが花山《かざん》法皇とされる。19歳で出家した法皇は書寫山《しょしゃざん》の性空《しょうくう》上人を訪ねたのち、那智山で千日の修行をした。その際、熊野権現のお告げを受け、三十三所巡礼の旅に出たという。

どのようにして広まったのか

◆約１０００㎞の道程となる西国巡礼はもともと、僧侶や修験者らの厳しい修行だった。記録に残る最初の巡礼者は園城寺《おんじょうじ》（三井寺《みいでら》）の僧・行尊《ぎょうそん》（１０５５～１１３５）。ただ、これは史実でないとする説もあり、確実な初例は応保元年（１１６１）、同じく園城寺の僧・覚忠《かくちゅう》とされる。庶民に広まったのは室町時代以降。江戸時代には物見遊山を兼ねた巡礼も増え、伊勢参りや熊野詣とも結び付いて盛んに行われた。

なぜ観音霊場は三十三所なのか

◆法華経のなかの観音経には、観音はさまざまな姿に変化して、私たちをもれなく救うと説かれている。その姿が33あることから、三十三所が設定されたという。西国三十三所では、聖《しょう》観音、十一面観音、不空羂索《ふくうけんさく》観音、千手観音、馬頭《ばとう》観音、准胝《じゅんてい》観音、如意輪《にょいりん》観音の7観音のいずれかを本尊としている。

めぐる順番はあるのか

◆現在の1番札所は和歌山県の青岸渡寺《せいがんとじ》、最後の33番は岐阜県の華厳寺。ただ、当初は長谷寺や頂法寺（六角堂）が1番、三室戸寺が33番という時期もあった。現在の順番は関東地方の人が回りやすいよう決められたものともいわれる。東から来て伊勢神宮に参拝後、那智山の青岸渡寺へ参り、最後は美濃から東へ帰るというものだ。往時は1番、2番と順に巡礼道を歩いたが、交通手段も変わった現在では、どこから回ってもよい。

番外とは何か

◆西国巡礼では33の札所に加えて、通し番号のつかない「番外《ばんがい》」とよばれる3つの寺も併せて参拝するのが一般的。徳道上人が晩年に隠棲した法起院《ほうきいん》（奈良県）、花山法皇が出家得度した元慶寺《がんけいじ》（京都市）、同じく法皇が巡礼後に隠棲した花山院菩提寺（兵庫県）で、いずれも格別の信仰を集めている。
↓Ｐ１５４参照

御朱印とは何か

◆御宝印、納経印ともいわれ、徳道上人が閻魔大王に授かった宝印が起源とされる。本来は札所本尊に写経を納めるか、お経を唱えたしるしにいただくものであり、単なる参詣記念スタンプではない。一般に3つの印からなり、右上に札所番号印、中央に札所本尊を示す梵字の本尊印、左下に寺院印が押され、本尊名などが墨書される。御朱印は本尊の分身とされるので、大切に扱わねばならない。

周囲の深緑に朱が映える三重塔と、大断崖を流れ落ちる那智大滝

第1番

那智山《なちさん》 青岸渡寺《せいがんとじ》

宗派❖天台宗
本尊❖如意輪観世音菩薩

西国観音巡礼の旅は世界遺産の霊場から

第1番青岸渡寺は那智大滝を望む那智山の中腹にある。お寺のすぐ隣には熊野那智大社。いずれも世界遺産の霊場「熊野三山《さんざん》」の構成資産だ。明治初期まで両者は一体で神仏習合の霊場を形成しており、そのなかの如意輪観音堂が現在の青岸渡寺本堂である。

縁起によれば、仁徳天皇の時代、インドから熊野に漂着した裸形《らぎょう》上人が那智大滝で修行中、8寸の観音菩薩を感得し、草庵を結んで安置したのが始まり。その後、生仏《しょうぶつ》上人が椿の大木に約3mの如意輪観音像を刻み、裸形上人の観音像を胸に納めて、如意輪堂を建立したという。

縁起でも語られるように、那智山の信仰の原点は那智大滝にある。那智四十八滝の「一の滝」であるこの大滝は、太古より神聖視されていた。やがて僧侶や修験道の行者らの修行の場となり、那智山は修験の大霊場へ発展。平安時代には本宮《ほんぐう》、新宮《しんぐう》と併せて「熊野三山」とよばれ、延喜7年（907）の宇多法皇の御幸を最初に、上皇や法皇の熊野詣が何度も行われた。

花山法皇の故事から1番札所となった青岸渡寺の本堂。堂前の香炉に縋り付いているかわいらしい獅子にも注目を

補陀洛《ふだらく》や岸打つ波は三熊野《みくまの》の那智のお山にひびく滝津瀬《たきつせ》

那智山の信仰の源である那智大滝。裸形上人はこの滝で如意輪観音を感得した

石段上に立つ仁王門には、仁王像と狛犬が背中合わせに安置されている

そのひとりに、西国巡礼の中興の祖と仰がれる花山《かざん》法皇がいる。法皇は17歳で天皇に即位したが、藤原家の陰謀によりわずか2年足らずで譲位、出家させられた。その後、熊野へ詣で、那智山で千日間におよぶ滝籠の修行をしたのち、西国観音霊場巡りに出発、西国巡礼を復興させたという。この由緒から那智山如意輪堂（青岸渡寺）が、1番札所になったという。

さて那智山へは紀伊勝浦駅から路線バスが通じているが、少し手前で下車し、熊野古道大門坂を歩いて参りたい。庶民の巡礼が盛んとなった江戸時代、主に東国からの旅人はまず伊勢神宮を参拝、次に熊野を目指し、大門坂から那智山へ詣でて熊野三山を巡拝、さらに西国巡礼へと旅立った。

那智山の中腹、標高約350mに立つ青岸渡寺の豪壮な本堂（如意輪堂）は、天正18年（1590）に豊臣秀吉が再建したもの。塀で隔てられてはいるものの、本堂の隣には熊野那智大社の本殿が立ち並び、神仏習合時代の姿を留める。明治の神仏分離令により、熊野三山の本宮や新宮の仏堂は廃止されたが、那智の如意輪堂は西国1番札所だったことから破却を免れ、のちに青岸渡寺として復興を遂げた。

本堂内陣奥の厨子に安置される本尊の如意輪観世音菩薩像は秘仏。開帳は2月節分の日など年3回で、それ以外はお前立ちを拝する。6本の手のうち右第1手を頬に当てて思索にふけり、右膝を立てて座る、優雅な半跏思惟の

本尊の如意輪観世音菩薩像のお前立ち。本尊は2月3日、4月第2日曜、8月17日に開帳される

（左上）本堂内の鰐口も秀吉の寄進。直径1.4m、日本最大の鰐口という　（左下）那智大社と隣り合って立つ

第1番

那智山 青岸渡寺

姿。胸の前の手に持つ「如意宝珠《にょいほうじゅ》」であらゆる願いを叶えてくれるという。

本堂横の広場からは那智大滝を遠望できる。那智原始林の間から轟々と流れ落ちる、落差133mの大瀑布。その手前横に見える朱塗りの三重塔は昭和47年の完成。戦国時代に焼失して以来、約400年ぶりに再建されたものだ。塔と滝が調和した光景は、那智山の象徴として親しまれている。

和歌山県東牟婁郡那智勝浦町那智山8
0735-55-0001
5時～16時30分
（三重塔9～15時最終受付）
境内自由（三重塔拝観300円）

桜に包まれ朱塗りが一段と映える多宝塔

和歌浦を眼下に収める古よりの桜の名所

宝亀《ほうき》元年（770）、唐の僧・為光《いこう》上人により開かれた古刹は、万葉人も憧れた景勝地・和歌浦を見渡す名草山の中腹にある。風光明媚で温暖なこの地は、早咲き桜の名所として古くから知られ、江戸時代の俳人・松尾芭蕉は「みあぐれば　桜しもうて　紀三井寺」

総欅造りの堂々たる本堂。桜の季節や8月9日の千日詣などには、お参りの人で埋め尽くされる

第2番

紀三井山《きみいさん》

金剛宝寺《こんごうほうじ》（紀三井寺《きみいでら》）

宗派 ❖ 救世観音宗総本山
本尊 ❖ 十一面観世音菩薩

金剛力士像を安置する楼門（重文）

と、花見を期待して来たのに、予想以上に散りはじめが早い桜を嘆いた句を残している。本堂前に植わるソメイヨシノは、和歌山地方気象台の開花観測用の標本木。この桜の開花宣言が出されると、近畿に春が訪れるのだ。

　寺の入口である楼門は、永正6年（1509）の建立で重要文化財。欄間に鮮やかな彫刻を施した優美な朱塗りの門だ。ここから一直線に「結縁坂《けちえんざか》」とよばれる231段の急な石段が続いている。江戸時代の豪商・紀伊国屋文左衛門が若かりしころ、母を背負って紀三井寺に詣でる途中、のちに妻となる女性おかよと出会ったのが、この坂だという。おかよは和歌浦にある玉津島神社の宮司の娘。文左衛門は宮司からの出資を得て、ミカン船で大儲けし、豪商への道を駆け上がっていくこととなった。以来、商売繁盛＆良縁成就の坂として人気を集めている。

　結縁坂を上り始めると、山内に湧く霊泉「三井水《さんせいすい》」の一つ「清浄水《しょうじょうすい》」が崖

ふるさとを
はるばるここに
紀三井寺
花の都も
近くなるらん

仏殿の本尊・大千手十一面観世音菩薩像。左に見える丸窓が、展望回廊に取り付けられたもので、正面の窓からお顔を拝める

から流れ落ちている所に着く。寺名の由来となった「三井水」は日本名水百選に選定されている。傍らには前出の芭蕉の句碑が立つ。そこから、33段の「女厄除坂」、42段の「男厄除坂」、61段の「還暦厄坂」と、それぞれに踊り場で区切られた石段を上り切り、西国札所の本堂へと向かう。

　為光上人が自ら刻んだと伝わる秘仏本尊・十一面観世音菩薩を祀る本堂は、宝暦9年（1759）の建立。正面の唐破風と千鳥破風が美しく、春には桜に彩られる。境内にはほかにも、重要文化財の多宝塔や鐘楼など、室町～安土桃山時代の古建築が大切に守られ残っており、篤い信仰の歴史を静かに物語っている。

　その歴史に新たな1ページを刻むのが、鉄筋コンクリート造の近代的な仏殿だ。本尊は、平成20年開眼の大千手十一面観世音菩薩像。寄木造の立像仏としては日本最大の巨像で、像高はなんと12m。京都に工房を構える大仏師・松本明慶氏が5年の歳月をかけて彫り起こした渾身の大観音像は、総漆金箔張のきらびやかな像で、文字通り光り輝いている。結縁を願い足元から見

紀伊国屋文左衛門がおかよと出会った「結縁坂」。坂の途中に霊泉・清浄水が湧く

本堂前の池の畔を、初夏になると花ショウブが彩る。本堂を覆い隠すように茂る桜の大木が、開花宣言用の標本木だ

仏殿の展望回廊からの眺め。左右に細長く延びる砂州が、『万葉集』にも詠まれた片男波

上げて拝むのみならず、この建物の展望回廊に上れば、丸窓のガラス越しに大観音さまをお顔の高さでも拝めるという、有り難くも斬新な構造となっている。

　また展望回廊からは素晴らしい眺望が開けており、『万葉集』にも多く詠まれた和歌浦の雄大な景色を楽しむことができる。山部赤人の歌で知られる片男波《かたおなみ》の砂州を手前に、天候がよければ遠く淡路島や四国まで見渡せる。また春ともなれば、眼下に桜の大海の絶景が広がる。

和歌山県和歌山市紀三井寺1201
073-444-1002
8～17時
入山200円
（仏殿展望回廊は別途100円）

紀州の名石を豪快に並べ、サツキやソテツを配した桃山時代作の枯山水庭園。後ろに見えるのは本堂(重文)の大屋根

西国三十三所で最大の本堂と、豪快な枯山水庭園が圧巻

和歌山県北部を東西に流れる紀の川の北岸に位置する。豪壮な本堂は西国三十三所で最大規模。その前には、巨石を豪快に配した見事な枯山水庭園が

落ち着いた色調の朱が印象的な大門(重文)。宝永6年(1706)の再建で、和歌山県では高野山と根来寺に次ぐ規模という

第3番

風猛山《ふうもうざん》

粉河寺《こかわでら》

宗派 ∴ 粉河観音宗総本山
本尊 ∴ 千手千眼観世音菩薩

中門前にある粉河鋳物の手水鉢

ある。ほかにもみどころの多い古寺で、春の境内を彩る桜も美しい。

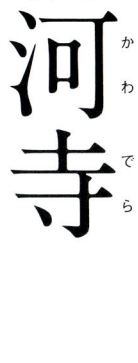

宝亀元年（770）、当地の猟師・大伴孔子古《おおとものくじこ》によって開かれたと伝わる。経緯は、鎌倉初期作の国宝『粉河寺縁起絵巻』に記されている。孔子古は狩猟中のある夜、光明を発する霊地を発見し、庵を建てた。のちにこの庵に一夜の宿を借りた童の行者（童男《どうなん》行者）が、7日間で千手観音像を彫り上げ、忽然と姿を消した。行者が観音の化身と悟った孔子古は、観音に深く帰依するようになったという。

縁起の後段には、次のような霊験も語られる。河内《かわち》国の長者の家に童男行者が現れ、ひとり娘の重病を祈祷で治した。長者は財宝を渡そうとしたが、行者は娘の袴と箸箱だけを受け取り、「私は紀伊国粉河の者だ」と言い残して去った。翌年、長者一家が行者を探していたところ、米のとぎ汁のように白い川を見つけ、これこそ「粉河」と確信。川を遡ると、庵の中に、袴と箸

父母の
恵みも深き
粉河寺
ほとけの誓ひ
たのもしの身や

箱を持った千手観音像が立っていた。行者が観音と知った一家は出家し、粉河寺の別当になったと伝わる。

実際、粉河寺は平安時代には観音霊場として広く知られ、鎌倉時代には4km四方の境内に七堂伽藍、550坊を擁して、隆盛を極めた。しかし戦国時代、豊臣秀吉の紀州攻めで、ほぼ全山を焼失。現在の諸堂は江戸時代、紀州徳川家の援助で再興されたもので、大門、中門、千手堂、本堂は重要文化財に指定されている。

境内入口に立つ朱塗りの大門は総欅造りの楼門。門をくぐると参道は右へカーブする。参道右手の細い川は縁起に語られる「粉河」とされ、左手には諸堂が立ち並ぶ。このうち童男堂には本尊の化身という童男行者像が祀られており、12月18日に開扉される。

さらに参道を行けば、手水舎がある。蓮の葉をかたどった銅製の大きな手水鉢は、約250年前に造られたもので、当時全国に知られた粉河鋳物の代表作という。手水を済ませ、紀州徳川10代藩主・治宝《はるとみ》の直筆である「風猛山」の扁額が掛かる中門をくぐれば、左手に枯山水庭園、本堂がある。

礼堂《らいどう》と正堂《しょうどう》を結合した本堂は、堂々たる佇まい。本尊の千手千眼観音像は永久秘仏で、お前立ちも厨子に納められた秘仏だが、厨子の両側には二十八部衆像と風神・雷神像がずらり。内陣ではほかにも多くの仏像を拝観でき

本堂内陣の厨子の背面に安置されている千手観音像。「裏観音」とよばれ、かつてのお前立ちともいわれる。こちらは内陣参拝すれば常時拝観できる

童男堂の隣の出現池。本尊千手観音の化身という童男行者は、白馬に乗ってこの池から現れたと伝わる

(左上)本堂内陣の厨子の両側には二十八部衆像を安置　(左下)中門に掲げられた「風猛山」の扁額

る。また内陣右側に飾られている木彫の虎は、徳川8代将軍吉宗が、左甚五郎に造らせて奉納したものといわれ、「野荒らしの虎」とよばれている。

本堂前の段差を利用した枯山水庭園は桃山時代の作で国指定名勝。紀州の名石を豪快に組み、サツキやソテツを配している。土留めを兼ねたもので、類例のない様式という。庭園と本堂が織り成す景色はまさに壮観だ。

和歌山県紀の川市粉河2787
0736-73-4830
8〜17時
境内自由(本堂内陣拝観400円)

第4番

槇尾山《まきのおざん》 施《せ》福《ふく》寺《じ》

宗派 ❖ 天台宗
本尊 ❖ 十一面千手千眼観世音菩薩

本堂内陣。中央に寺の本尊の弥勒菩薩像が坐し、左に札所本尊の十一面千手観音像、右に文殊菩薩像、周囲を四天王が固める

緑の木々に囲まれた仁王門

槇尾山中に立つ巡礼の難所 金色に輝く三尊は壮観

和泉国の名刹として知られる施福寺は、槇尾山（標高600m）の約500m地点に本堂を構えている。古来、西国巡礼の難所の一つとされ、花山《かざん》法皇は巡幸の途次、深い山で道に迷ってしまったという伝説が残る。今も車道は通じておらず、バス停や駐車場がある麓から、約1㎞の山道を登ってようやく辿り着く。

槇尾山は大阪府と和歌山県を隔てる和泉山脈に属する。山並はさらに東から北へ逆L字形に延び、金剛・葛城山へ続いている。古代より一帯は山岳修験の行場だった。

縁起によれば、欽明《きんめい》天皇の勅願により、行満《ぎょうまん》上人が弥勒菩薩像を本尊として開いた。山号は、奈良の三輪山の北隣の巻向山の神さまを祀った山であったことに由来し、古くは「巻尾山」といわれたが、のちに「槇尾山」となっ

睨みを利かせる仁王像。バス停からこの仁王門まで徒歩約10分、本堂まではさらに20分ほどかかる

たという。慶雲３年（７０６）には、高僧行基《ぎょうき》が修行し、文殊菩薩像を安置。また宝亀２年（７７１）、行基の高弟、法海《ほうかい》上人が十一面千手観音像を祀った。札所の本尊となったこの像には、次のような伝説がある。

　当時、寺にある修行僧がいた。みすぼらしい姿ながら、辛い仕事でも不平を言わずに行う僧は、修行を終えて下山された。これを知った法海は後を追

深山路《みやまじ》や
檜原松原《ひばらまつばら》
わけゆけば
巻の尾寺に
駒ぞいさめる

本堂内に安置されている珍しい方違観音像。金色に輝くきらびやかな装飾品をまとった大きな像だ

ったが、すでに僧は海の上。その彼方の海上に、紫雲に包まれた千手観音が現れた。修行僧が観音の化身だと悟った法海は、一山の僧とともに懺悔し、千手観音像を造立したという。

全盛期には970もの坊舎を擁したが、織田信長の兵火で全焼。のちに豊臣秀頼によって再興されたが弘化2年（1845）の山火事で、仁王門を残して焼失。現在の諸堂は幕末の安政年間（1854〜60）に整えられたものである。

この寺では、本堂内をぜひ拝観したい。以前は5月1〜15日のみ開扉されたが、平成27年1月に堂内を改装し、本尊をはじめ実にさまざまな仏像を常時拝観できるようになった。中央には、開山の行満上人ゆかりの寺の本尊・弥勒菩薩坐像が坐し、右に行基ゆかりの文殊菩薩立像、左に法海ゆかりの札所本尊・十一面千手観音立像が立つ。いずれも金色に輝き、周囲を四天王像が守る姿は壮観である。

また、その裏手の後堂には、花山法皇ゆかりの馬頭観音坐像を祀っている。法皇は山中で道に迷った際、北方から聞こえてきた馬の嘶きを頼りに、

施福寺が立つ槇尾山では、四季折々に可憐な山野草が見られる

本堂外陣に吊り下がる赤い大提灯。壁の上部は信者が奉納したさまざまな額で埋め尽くされている

施福寺は西国巡礼の難所の一つ。今も車で行くことはできず、歩いて参拝する

第4番

槙尾山 施福寺

寺へ辿り着けた。馬頭観音のお導きであると感得し、その像を安置したと伝わる。このほか、坐高4m以上もある珍しい方違《ほうちがい》観音坐像、小像ながら全体揃った二十八部衆像と風神・雷神像、釈迦涅槃像の「なで仏」なども安置されている。

施福寺は弘法大師空海が得度受戒した寺ともいわれる。往時、山内に止住していた奈良大安寺《だいあんじ》の高僧勤操《ごんそう》を慕って、空海が来山、現在の愛染堂で得度受戒したという。また御髪堂は、大師が剃髪した髪を納めた堂とされる。

大阪府和泉市槙尾山町136
0725-92-2332
8～17時（12～2月は～16時）
境内自由（本堂内拝観500円）

江戸時代に再建された朱塗りの南大門は堂々たる佇まい

第5番

紫雲山《しうんざん》 葛井寺《ふじいでら》

宗派 ❖ 真言宗御室派
本尊 ❖ 十一面千手千眼観世音菩薩

藤の花が咲く庶民の寺 本尊は千の手で衆生を救う

第5番葛井寺は、大阪市のベッドタウンである藤井寺市の町なかにある。同市はこの寺の門前町から発展したもので、市名も寺に由来する。

近鉄藤井寺駅からアーケードの商店街を抜けると、左手に朱塗りの四脚門が見える。これが寺の西門。慶長6年（1601）に豊臣秀頼が寄進したもので、重要文化財に指定されている。門前では露店の花屋が賑わいを見せ、買い物帰りの人らも参拝に訪れる。庶民的な雰囲気のお寺である。

寺が立つ河内《かわち》地方は古代から開けていた土地で、このあたりを本拠としていた百済《くだら》王族の子孫という渡来氏族・葛井氏の氏寺として、7世紀後半に創建されたと考えられている。奈良時代には聖武《しょうむ》天皇の勅願で大伽藍が整備され、本尊の十一面千手千眼観音像を造立、高僧行基《ぎょうき》を導師に迎えて開眼法要が盛大に行われた。しかし平安後期には衰退。これを嘆いた大和飛鳥の藤井安基《やすもと》が、荒廃した堂宇を再興に導いたとされる。以後、安基の姓から寺は「藤井寺」とも記されるようになり、それ

4月下旬～5月上旬の境内では、寺の名物である藤が、紫の長い花房を垂らす

入母屋造の本堂は宝暦5年（1751）の再建。境内は親しみやすい雰囲気が漂う

参るより 頼みをかくる 葛井寺 花のうてなに 紫の雲

が一帯の地名ともなった。

安基に由来する「あかん河内の葛井寺」という言葉がある。伝承によれば、安基はもともと無法者。居場所をなくして逃げ込んだ葛井寺で、観音に地獄に落とされ、初めて己の悪行を反省した。すると観音が現れ、「世の為、人の為に尽力せよ」と告げて、安基を蘇生させた。以後、安基は寺門興隆に尽くしたという。安基のような、大阪弁でいう「あかん（だめな）奴」でも葛井寺の観音は救ってくれる、あかん時こそこの寺へ参ろうと、「あかん河内の葛井寺」といわれるようになったとか。いつの世も庶民に寄り添ってきた寺らしい言葉である。

さて、境内へは西門から入れるが、正式な参拝ルートは南大門から。江戸時代再建の豪壮な門をくぐれば、正面に入母屋造の本堂が立つ。右手には鐘楼や、楠木正成《まさしげ》ゆかりの「旗掛けの松」、葛井餅が名物の休憩所などがある。境内には大きな藤棚も造られており、例年4月下旬～5月上旬に見ごろを迎える。

本堂内の厨子に安置される本尊の十一面千手観音坐像は、奈良時代の作で国宝。現存する最古の千手観音ともいわれる。秘仏だが毎月18日に開帳される。千手観音の手は42本に略して造られるのが一般的なのに対し、この像は40本の大手と1001本の小手を光背のように広げ、胸の前で合掌する本来の2本を加えて1043本の手をもつ圧倒的な姿。掌には慈しみを湛えた眼が描かれており、まさに千の手で私た

本尊・十一面千手千眼観世音菩薩像のお前立ち仏。国宝の本尊は毎月18日に開帳される（写真提供／葛井寺）

聖武天皇寄進の灯籠は非公開で、本堂前には明治時代の模作が立つ

ちをもれなく救ってくれるとして、古来、篤く信仰されてきた。

本尊には花山《かざん》法皇にまつわる伝承もある。何度も寺に参拝した法皇の願いを聞き届けた時、本尊は眉間から芳香を放つ紫雲をくゆらせ、聖武天皇が寄進した本堂前の灯籠までたなびかせたという。これが「紫雲山」という山号の由来となっている。

豊臣秀頼が寄進した西門（重文）

- 大阪府藤井寺市藤井寺1-16-21
- 072-938-0005
- 8～17時
- 境内自由（毎月18日の本尊拝観は500円）

第6番

壺阪山《つぼさかさん》 南法華寺《みなみほっけじ》（壺阪寺《つぼさかでら》）

宗派 ❖ 真言宗
本尊 ❖ 十一面千手千眼観世音菩薩

仁王門前に立つ壺阪寺の石柱

「目の観音さま」として信仰される本尊の十一面千手千眼観音坐像は、常時拝観できる。現在の像は室町時代の作

『壺坂霊験記』でも知られる眼病封じの観音さまが本尊

壺阪寺の名で親しまれる南法華寺の本尊は十一面千手千眼観世音菩薩。浄瑠璃『壺坂霊験記』でも知られるように、眼病平癒に霊験あらたかな「目の観音さま」として篤く信仰されている。

縁起によれば、創建は大宝3年（703）。弁基《べんき》上人が山中で修行中、水晶の壺の中に観音菩薩を感得、壺を坂の上に安置し、観音像を刻んで祀ったのが始まり。平安時代には長谷寺とともに定額寺《じょうがくじ》（官寺に準じる寺）に列せられて繁栄。平安貴族の参詣も盛んで、清少納言は『枕草子』で「寺は壺阪。笠置。法輪」と筆頭に挙げた。

寺の境内は奈良盆地と吉野地方を隔てる高取山の中腹に広がっている。中心部は雛壇のように造成されており、下の方に立つ朱塗りの大講堂や灌頂堂、多宝塔などは平成の造営。最上段に、室町時代の再建で重要文化財の三

高取山の中腹に聳え立つ大観音石像。インドで66個にわけて彫刻し、日本に運んで組み立て、昭和58年に開眼した

重塔や礼堂《らいどう》など古来の堂塔が立つ。

礼堂は本来、本尊を礼拝するためのお堂だが、今は屋根続きとなっている本堂まで入れ、本尊の十一面千手千眼観音坐像を間近で拝める。大きく見開いた切れ長の目が印象的で、正面向かって右上の赤い玉を持つ手で私たちの

岩をたて
水をたたえて
壺阪の
庭の砂《いさご》も
浄土なるらん

本尊の十一面観音を安置する八角円堂の本堂。大宝3年（703）に創建され、現在の建物は江戸時代の再建といわれる

大観音石像と同じくインドで制作され、平成11年に安置された大涅槃石像。像の前からは奈良盆地を見渡せる

眼を救ってくれるという。眼病平癒の信仰の歴史は古いが、霊験がいっそう世に広まったのは、明治時代に初演された浄瑠璃『壺坂霊験記』によるところが大きい。寺に伝わる霊験譚を元にしたこの話は、現代でも歌舞伎や文楽でしばしば上演されている。あらすじは次のようなものだ。

　寺近くに暮らす盲人の沢市《さわいち》は、毎日明け方に家を抜け出す妻のお里《さと》が浮気をしているのではないかと疑った。しかしお里は、夫の目が治るよう壺阪観音に願掛けをしていたのだった。沢市は自分を恥じるとともに「私がいたのではお里も不遇のまま」と思い、谷に身を投げた。絶望したお里も飛び降りるが、観音さまによって2人は命を救われ、沢市の目も開眼したという。

　壺阪寺には昭和以降に造られた巨大な石仏（石造物）も多く、境内で異彩を放っている。境内最高所から光明を放つ大観音石像は総高20m、総重量は1200t。下方には全長8mの大涅槃石像が横たわり、三重塔の下には総高15mの大釈迦如来石像（壺阪大仏）が鎮座する。また釈迦の一代記を浮き彫りした石造仏伝図、インドの石窟寺院をモデルにした大石堂も立つ。

　これらは寺が、昭和39年からインドでハンセン病患者の救済に尽くしてき

古色を帯びた三重塔と礼堂はともに室町時代に再建されたもので、重要文化財に指定されている

礼堂の横にあるお里・沢市の像。この下の谷に2人は身投げしたが観音さまによって救われたという

た縁で建立された。インド政府の協力で提供された石材を、現地の石工がパーツごとに彫刻し、日本へ運ばれ、寺で組み立てられてきた。インドの伝統的な石彫産業に貢献し、現地の人の雇用確保にも役立ってきた。寺では現在もインド各地で教育や地域開発などの分野で奉仕活動を続けている。

　新旧の伽藍や仏像が調和した境内では、春から初夏にかけて、ヤマブキやツツジ、ラベンダーが咲き誇り、秋は紅葉に包まれる。これも参拝の大きな楽しみとなっている。

奈良県高市郡高取町壷阪3
0744-52-2016
8時30分～17時
600円

慶長17年（1612）建立の仁王門は重要文化財に指定されている

第7番

東光山《とうこうざん》 岡寺《おかでら》（龍蓋寺《りゅうがいじ》）

宗派 ❖ 真言宗豊山派
本尊 ❖ 如意輪観世音菩薩

古代の都・飛鳥の地で 1300年続く厄除け霊場

7世紀の日本の政治・文化の中心だった飛鳥《あすか》（奈良県明日香村）。その東方の山腹に、岡寺はある。古い家並みが残る麓の岡集落から急坂の参道を登ること約10分。仁王門を潜り、石段を上ると、書院、開山堂、本堂などが緑に包まれて立ち並んでいる。境内はツツジやサツキ、シャクナゲ、紅葉の名所でもある。

本堂内に安置される本尊の如意輪観音坐像は、実に高さ4・85m。日本に現存する最大の塑像《そぞう》（土でできた像）だ。奈良時代末期の作といわれ、重要文化財に指定。西国三十三所の本尊では珍しく常に開扉されており、堂内で拝める（一般の堂内参拝は4〜12月。冬期は堂外からお顔を拝せる）。

寺伝によれば、この像は弘法大師が日本・インド・中国の三国の土で造った。堂々たる姿ながら威圧感はなく、右手は怖れを取り除く施無畏印《せむいいん》、左手は願いを叶える与願印《よがんいん》を結び、悠然と座す。彩色が剥落した肌の色は白っぽく、お顔はふっくら。どこか大陸的な雰囲気を漂わせる。

古来、厄除け観音として信仰される本尊の如意輪観音坐像(重文)。弘法大師が日本・インド・中国の三国の土で造ったと伝わる

けさ見れば
つゆ岡寺の
庭の苔
さながら瑠璃の
光なりけり

優美な三重塔。各層の屋根の軒には珍しい琴の形をした風鐸が吊るされている

本尊は古来、厄除け観音として信仰されてきた。鎌倉時代初期に成立した歴史物語『水鏡《みずかがみ》』の冒頭には、「つつしむべき年にて、すぎにしきさらぎの初午《はつうま》の日、龍蓋寺へもうで侍り」と記され、当時すでに、厄年の2月初午の日に岡寺へ参る風習が定着していたことがわかる。このことなどから岡寺は日本最初の厄除け霊場といわれる。

寺の創建はさらに古く、約1350年前のこと。天武天皇の皇太子、草壁皇子が住んだ宮殿の岡宮を、皇子没後に義淵《ぎえん》僧正がもらい受け、寺に改めたのが始まりとされる。日本の法相宗《ほっそうしゅう》の祖である義淵は当代きっての傑僧で、門下から行基《ぎょうき》や良弁《ろうべん》ら奈良時代を代表する名僧を輩出した。高僧ならではの伝説も多く、『東大寺要録』には次のような記事がある。

本堂南側の山には、開山の義淵僧正の廟塔と伝わる宝篋印塔がひっそりと立つ

子宝に恵まれない夫婦が観音さまに祈願していたところ、夜中に赤ん坊の泣き声が聞こえた。外に出ると、柴垣の上に白布にくるまれた赤子がおり、家に連れ帰ると香気が満ちた。この霊異を耳にした天智天皇は赤子を引き取り、孫の草壁皇子《くさかべのおうじ》とともに岡宮で育てた。この赤子がのちの義淵。皇子と幼友達という関係から、のちに岡宮を譲り受けたという。

地名由来の通称・岡寺に対し、正式名を龍蓋寺というのも、義淵の伝説にちなむ。昔この地に嵐を起こしては田畑を荒らす龍がいた。農民に助けを求められた義淵は、法力で龍を池に封じて大きな石で蓋をした。龍はその後改

数々の額が奉納されている本堂の外陣。現本堂は文化2年（1805）に再建されたもので、奈良県指定文化財

（左上）奥の院の石窟堂には弥勒菩薩像が祀られている
（左下）境内でひときわ大きな建物が本堂

第7番

東光山 岡寺（龍蓋寺）

心して善龍となり、今も本堂前にある池「龍蓋池」に眠っているとか。

本堂の南側の山には散策道が巡っている。その一角に立つ朱塗りの三重塔は昭和61年の再建。塔の前からは飛鳥の里を見渡せる。かつての宮殿は跡形もなく、今はのどかな田園風景が広がっている。時代は移ろうとも、岡寺は篤い信仰に支えられ、1300年のときを重ねている。

奈良県高市郡明日香村岡806
0744-54-2007
8～17時（12～2月は～16時30分）
300円（平成27年12月から400円）

深い緑に包まれた初瀬山の中腹に立つ懸造の本堂

第8番

豊山《ぶざん》 長谷寺《はせでら》

宗派 ❖ 真言宗豊山派総本山
本尊 ❖ 十一面観世音菩薩

長谷観音がおわします 美しき「花の御寺《みてら》」

万葉の昔から「隠国（こもりく）」とよばれる谷あいの隠れ里・初瀬《はせ》。緑深い初瀬山と初瀬川に挟まれたこの地に、観音信仰の聖地、長谷寺がある。

寺の始まりは、朱鳥《しゅちょう》元年（686）。天武天皇の病気回復を祈るため、道明《どうみょう》上人が「銅板法華説相図」を〝西の岡（現在の五重塔付近）〟に安置したことによる。この「銅板法華説相図」は長谷寺最古の宝物として今も大切に守られ、国宝に指定されている。

さらに神亀《じんき》4年（727）、道明上人のもとで修行を積んでいた徳道《とくどう》上人が、聖武天皇の勅を受け、〝東の岡（現在の本堂付近）〟に本尊十一面観世音菩薩像と観音堂を造立し開山。徳道上人は西国三十三所観音巡礼の祖とされる高僧で、寺は観音霊場の中でも特別な位置を占めることとなる。平安時代には都の貴族の間に初瀬詣が大流行し、『源氏物語』や『枕草子』などの王朝文学にもたびたび描かれた。

初瀬山の中腹に位置する本堂へは、仁王門から延びる399段の登廊《のぼりろう》を上っていく。登廊とは石段を覆う屋根付

春と秋の特別拝観では、観音さまのおみ足に直接触れることができる

像高10mを超える本尊・十一面観世音菩薩立像。文字通り見上げるような大観音さまは、右手に錫杖を持つ独特のお姿

本堂へと向かうため、登廊を行く僧侶たち。長谷寺らしいワンシーンだ

「花の御寺」とよばれる通り、春夏秋冬途切れることなく、美しい花々が境内を彩る

き回廊のことで、長暦3年（1039）に建立されたのが始まり。

登廊の両脇には、毎年4月下旬～5月上旬ごろ、赤白ピンクの大輪のボタンが咲き誇る。現在150種7000株を数えるボタンだが、最初の一株は遠来のもの。今から千年ほど昔のこと、唐の僖宗《きそう》皇帝の妃・馬頭夫人《めずぶにん》は悩みを抱えていた。そこで、霊験あらたかと聞こえていた大和国長谷寺の観音さまに祈願したところ成就し、その御礼として宝物とともに献上したのが、ボタンだったというのだ。このボタンを筆頭に、春の桜にシャクナゲ、花ショウブ、初夏にはアジサイ、秋の紅葉、冬には寒ボタンと、四季折々の花々が境内を彩るさまは、「花の御寺」とよばれるにふさわしい。

登廊を上り切ると、懸造の舞台をもつ堂々たる本堂が立つ。徳川3代将軍家光により、慶安3年（1650）に再建された大建築で、国宝に指定されている。

こちらにおわしますのが、像高10mを超える金色《こんじき》の巨像、本尊の木造十一面観世音菩薩立像だ。文字通り見上げるような観音さまは、右手に錫杖を持つ珍しいお姿で、「長谷寺式観音」とよばれている。観音菩薩と地蔵菩薩のご利益を兼ね備えるともいわれ、威厳に満ちたなかにも慈悲の深さを感じさせる。度重なる火災により、現在の像は天文7年（1538）に造立されたもの。脇侍の難陀龍王立像および雨宝

いくたびも
参る心は
はつせ寺
山も誓いも
深き谷川

本堂の舞台から右方向に目をやると、木々の間に朱塗りの五重塔が望める。秋には一面の紅葉が五重塔を包み込む

初瀬山中腹に立つ本堂でお経を唱える僧侶

第8番

豊山 長谷寺

童子立像とともに、重要文化財に指定されている。春と秋の特別拝観では、普段立ち入れない観音さまの足下まで入れ、そのおみ足に直接触れて結縁することができる。

断崖に立つ本堂の外舞台に出ると、境内の全貌、さらには「隠国」の里が一望のもと。花の季節ともなれば、まさしく浄土を思わせるような眺めが眼下に広がり、その美しさに息をのむだろう。

奈良県桜井市初瀬731-1
0744-47-7001
8時30分～17時
(10～3月は9時～16時30分)
500円

本瓦葺きの屋根のシルエットが美しい八角円堂の南円堂（重文）

第9番

興福寺《こうふくじ》
南円堂《なんえんどう》

宗派 ⁘ 法相宗大本山
本尊 ⁘ 不空羂索観世音菩薩

鹿が群れ遊ぶ境内に香煙たなびく八角円堂

連日、国内外から観光客が訪れる世界遺産・興福寺。春日の神の使いとして天然記念物に指定されている野生の鹿が、のんびりと群れ遊ぶ境内には、奈良のシンボル・国宝五重塔がそびえている。

五重塔の隣に立つ東金堂も国宝で、堂内には18体もの国宝仏が安置されている。その北側に立つ国宝館は、さらに多数の国宝を収蔵し、憂いを帯びた表情で万人を魅了する阿修羅像《あしゅらぞう》もこの中に。まさしく国宝の宝庫といえるこの寺が一体どれほど栄えたのか、容易に想像がつくだろう。

興福寺は中臣鎌足《かまたり》（藤原鎌足）夫人の鏡女王《かがみのおおきみ》が京都に建立した山階寺《やましなでら》を起源とする。のちに飛鳥に移り、さらに和銅3年（710）の平城京遷都に伴い、鎌足の子、藤原不比等《ふひと》が現在地に移して興福寺と名付けた。藤原氏の氏寺として隆盛し、聖武天皇が東金堂を建立、その妻にして不比等の娘である光明皇后が五重塔を建立するなど、続々と堂塔の建設が進んだ。

奈良時代の終わりには中心伽藍がほ

南円堂の本尊・不空羂索観音坐像（国宝）。康慶一門が、文治5年（1189）に完成させた鎌倉彫刻の傑作
（写真／飛鳥園）

興福寺の名だたる寺宝を公開する国宝館には、阿修羅像を含む八部衆像など、国宝の仏像がずらりと並ぶ（写真提供／興福寺）

五重塔の北隣に立つ東金堂（国宝）。本尊・薬師如来坐像（重文）を中心に十二神将立像（国宝）などを安置

ぼ整い、平安時代に入った弘仁4年（813）、藤原冬嗣《ふゆつぐ》が父・内麻呂《うちまろ》の追善供養のために建立した南円堂で、完成をみる。当時、嵯峨天皇の信任を得て、絶大な権力を握っていた冬嗣が建てた南円堂は、寺内でも特別視されていた。さらに、本尊の不空羂索《ふくうけんさく》観音が鹿皮を身にまとっていることから、藤原氏の氏神である春日社（春日大社）との〝鹿つながり〟で、ますます信仰を集めることとなる。

　寺は絶大な勢力をもっていたがために平安末期に戦禍に見舞われ、また天災などでたびたび堂塔を焼失したが、そのつど創建当初の様式で再建されてきた。現在の南円堂は、寛政元年（1789）ごろの再建となる4代目の建物。日本最大の木造八角円堂として、堂々たる存在感を示している。再建にあたっては、南円堂の北に立つ八角円堂で国宝の北円堂を参考にしたともいわれている。

　南円堂の本尊・不空羂索観音坐像は、

天平2年(730)に光明皇后が建立した五重塔。現在の塔は室町時代再建の6代目。国宝

春の日は　南円堂に　かがやきて　三笠の山に　晴るるうす雲

大仏師運慶の父である康慶《こうけい》が一門を率い、15か月を費やして造立した。威厳に満ちた像高約3・4mの金色の像で、緻密な透かし彫りの宝冠と光背も美しい。鹿皮の衣をまとい、左手に持つ投げ縄状の羂索で、苦悩するすべての人を救うという不空羂索観世音菩薩を本尊とするのは、西国三十三所のうち、ここ南円堂だけ。ぜひお顔を拝みたいものだが、堂内は通常非公開で、開帳は毎年10月17日の大般若経転読会の時のみ。扉を閉じたお堂の前には、今日もお参りの人が途切れることなく、香煙も絶えることがない。

興福寺境内では、大掛かりな工事が進行中だ。巨大な覆いの内側では、江戸中期に焼失した後、復興されなかった中金堂の再建工事が着々と行われている(平成30年落慶予定)。和銅年間に藤原不比等が創建した、寺の中心を成すこの壮大なお堂が完成すれば、当時の寺観により迫ることとなる。

平成9年に大修理を終え、朱塗りも鮮やかな南円堂。春には堂前に植わる藤が花を咲かせる

奈良県奈良市登大路町48
0742-22-7755(寺務所)
0742-24-4920(南円堂納経所)
9～17時
境内自由(東金堂300円、国宝館600円。共通券800円)

6月～7月上旬には、約50種
1万株のアジサイが咲き誇る

観音の慈悲に因む庭園は四季の花木に彩られる

三室戸寺には異なる3つの顔がある。西国三十三所霊場の札所であり、また本山修験宗別格本山として修験の寺でもある。そして近年は「花の寺」としてつとに名高い。

寺の歴史は古く、奈良時代末の光仁天皇の御世、宮中に差し込む金色の霊

山門から100mほど行った先にある石段。この上に、本堂や阿弥陀堂、三重塔などの堂塔が立ち並ぶ

第10番

明星山《みょうじょうざん》 三室戸寺《みむろとじ》

宗派 ❖ 本山修験宗
本尊 ❖ 千手観世音菩薩

山門をくぐると花の咲く庭園が広がる

光に気づいた天皇が、側近に命じてその源を尋ねさせられたところ、宇治川の支流・志津《しづ》川上流に辿り着いた。すると清らかな淵の所で金色に輝く二臂《にひ》の観音像を見つけ宮中に持ち帰った。報告を受けた天皇は、観音出現の地に御所の建物を移して堂を建立し、御室戸寺とした。その後、醍醐天皇の時代、二臂の像を胎内に納める千手観音像が造立され、寺の本尊となった。のちに花山法皇、白河法皇の離宮ともなったため、寺名の御の字を三に替えて、三室戸寺と改めたという。

平安時代には山上・山下に堂塔伽藍が立つ大寺となった。観音霊場としての信仰も篤く、記録に残る最古の西国三十三所巡礼者といわれる行尊《ぎょうそん》や覚忠《かくちゅう》は、今とは違い、この寺を最後の33番目に参拝している。当時の巡礼は修行の一つとされており、三室戸寺が締めくくりにふさわしい特別な寺であったことが伺える。

明星山の山裾に立つ現在の本堂は、

夜もすがら月を三室戸わけゆけば宇治の川瀬に立つは白波

文化11年（1814）に完成。重層入母屋造の風格ある建物だ。本尊は金銅二臂千手観世音菩薩像。厳重な秘仏であり、前回は花山法皇一千年忌に因んで、平成21年に2カ月間だけ開帳されたが、実に84年ぶりだったという。日ごろ拝観できるお前立ちは、大ぶりの宝冠を戴き、両手を胸の前で組み、体に沿って左右対称に鰭状の衣文を付けるという飛鳥様式の姿をしている。

毎月17日に公開される宝物殿では、平安時代作の5体の重要文化財の仏像を拝観できる。このうち釈迦如来立像は、「三国伝来の釈迦」とよばれる京都嵯峨・清凉寺《せいりょうじ》の本尊を模刻した「清凉寺式釈迦像」の最古の遺品。また阿弥陀三尊像の脇侍の勢至菩薩坐像と観世音菩薩坐像は、ともに膝を揃えて正座する姿が珍しい。衣の裾から覗く足の裏が可愛らしく、11月の土・日曜、祝日の特別公開時には「観音様の足裏を拝する会」が行われる。

境内にはほかに三重塔、鐘楼などが立つ。鐘楼奥には行場の不動の滝があり、傍らの崖に不動明王像が刻まれている。この寺が、かつて白河上皇が熊野参詣のたびに17日間の護摩供を行ったり、聖護院《しょうごいん》門主が大峯山《おおみねさん》入りの前に

宝永元年（1704）建立の三重塔は、明治時代に兵庫県佐用町の高蔵寺より移築したもの

本堂前に鎮座する「宝勝牛」。開いた口の中に石の玉があり、この玉に触れると勝運に恵まれるといわれている

山を背に立つ重厚な本堂を、夏になると100種250鉢ものハスが彩りを添える。7月には「ハス酒を楽しむ会」も開かれる

本堂外陣には、時代を超えて全国各地から寄せられた、数々の趣向を凝らした奉納額が掲げられている

第10番

明星山 三室戸寺

護摩を修したという、修験の寺であることを思い出させる。

約5000坪の大庭園は、昭和の名作庭家・中根金作により造られた。「与《よ》楽苑《らくえん》」という名は、「苦しみを抜き楽を与える」という観音の慈悲に因んでいる。池泉回遊式庭園や石庭などがあり、梅、桜、シャクナゲ、ツツジ、アジサイ、紅葉と季節ごとに花木が彩る。特に2万株のツツジ、1万株のアジサイは珍しい種類も多く、夏に本堂前に咲くハスとともに人気が高い。

京都府宇治市菟道滋賀谷21
0774-21-2067
8時30分～16時30分
(11～3月は～16時。※拝観・納経最終受付は各30分前)
¥ 500円(宝物殿は別途300円)

第11番

深雪山《みゆきさん》 上醍醐《かみだいご》・准胝堂《じゅんていどう》 (醍醐寺《だいごじ》)

宗派 ✣ 真言宗醍醐派総本山

本尊 ✣ 准胝観世音菩薩

三宝院の唐門(国宝)。全体に黒漆を塗り、菊や桐の紋には金箔を施した壮麗な門だ

准胝観音を札所本尊とする 秀吉ゆかりの桜名所の山寺

豊臣秀吉が豪勢な花見を催したことでも知られる桜名所の醍醐寺は、標高450mの醍醐山（笠取山）の山上・山下に伽藍を擁する、京都でも屈指の大寺院。膨大な国宝・重要文化財を所蔵し、ユネスコの世界文化遺産にも登録されている。

「下醍醐《しもだいご》」とよばれる山下には国宝の金堂や五重塔、豪壮華麗な桃山文化の宝庫の三宝院《さんぼういん》などがある。また開山堂などが立つ醍醐寺開創の地の山上は「上醍醐《かみだいご》」とよばれる。西国11番札所の准胝堂は、上醍醐にあったが、平成20年、落雷による火災で焼失。現在は下醍醐の観音堂に札所本尊の准胝観世音菩薩坐像（秘仏。開扉は毎年5月15～21日）を安置し、納経や御朱印もここで受け付けている。准胝観音は子授けや安産などの信仰を集める。

醍醐寺を創建したのは、空海の孫弟

春の境内はまさに桜花爛漫。4月第2日曜には秀吉の「醍醐の花見」に因む「豊太閤花見行列」も開催され、大いに賑わう

子の名僧、理源大師《りげんだいし》・聖宝《しょうぼう》。貞観16年（874）、聖宝は山岳信仰の霊山だった笠取山に登り、霊泉「醍醐水」を発見。そのほとりに草庵を結び、自刻の准胝観音像と如意輪観音像を祀った。これが寺の起こりという。

延喜7年（907）には、聖宝に帰依した醍醐天皇の御願寺となり、上醍醐に薬師堂、五大堂などを建立。引き続き、下醍醐の伽藍も整えられた。以

上醍醐の醍醐水。聖宝はこの霊泉のほとりに草庵を結び、准胝観音と如意輪観音を安置したと伝わる

逆縁も
もらさで救う
願《がん》なれば
准胝堂は
たのもしきかな

観音堂の堂内には多くの仏像が祀られており、札所本尊の准胝観世音菩薩像は写真中央の小さな厨子内に納められている

後、真言密教と修験道の一大霊場として隆盛したが、応仁・文明の乱により五重塔を除く下醍醐の伽藍を焼失、上醍醐も荒廃した。

　その醍醐寺を復興し、今日の寺観を整えたのが豊臣秀吉だ。秀吉は慶長3年（1598）、史上に名高い「醍醐の花見」を開催。各地から700本の桜を取り寄せて山上山下に植え、息子の秀頼、正室の北政所《きたのまんどころ》、側室の淀殿をはじめ約1300人が参加する盛大な宴を繰り広げた。

　その際に再建された三宝院には、見事な襖絵に飾られた国宝の表書院などが立つ。豪壮な庭園は秀吉が設計したもの。3段の滝から水が流れ出る池には亀島・鶴島を設け、巨石をふんだんに配置。その中心に歴代名将に引き継がれてきた名石「藤戸石《ふじといし》」を据えている。桃山時代を代表する名庭であり、特別名勝・特別史跡となっている。

　下醍醐の金堂は、醍醐寺の中心のお堂。現在の建物や本尊の薬師三尊像は、秀吉が紀州の寺から移したもの。天暦5年（951）に完成した五重塔は、京都府下に現存する最古の木造建物で、寺のシンボルとなっている。また、

応仁・文明の乱でも奇跡的に焼失を免れた五重塔(国宝)。高さは約38m。

桃山時代の華やかな雰囲気を伝える三宝院庭園。庭に面して立つ表書院（国宝）は長谷川等伯一派などが描いた襖絵で飾られている

（左上）上醍醐の五大堂前には理源大師像（写真中央）などが並んでいる　（左下）緑に包まれた観音堂

第11番

深雪山

上醍醐・准胝堂（醍醐寺）

下醍醐では膨大な寺宝を収蔵・公開する霊宝館も見逃せない。

上醍醐へは下醍醐から約1時間の道程。上醍醐こそが醍醐寺の源であり、決して楽な道ではないものの、訪ねてみたい。焼失した准胝堂の跡地は更地になっているが、その下方には、寺名の由来となった霊泉の醍醐水が今も湧き出しており、飲むこともできる。また薬師堂、開山堂、如意輪堂など、国宝・重文の堂宇が点在し、1100年以上に及ぶこの名刹の歴史を、今に伝えている。

京都府京都市伏見区醍醐東大路町22
075-571-0002
9～17時（冬期は～16時）
¥ 下醍醐伽藍・三宝院・霊宝館・上醍醐各600円

秘仏本尊の千手観世音菩薩のお前立ち。向かって右の婆蘇(ばそ)仙人像、左の吉祥天像も泰澄が桂の木で刻んだものと伝わる

江戸時代初期再建の本堂。岩間山山頂近くの深い緑に包まれて立つ

本尊の「汗かき観音さん」は厄除け、雷除けの霊験あらたか

滋賀県大津市と京都府宇治市の境にある標高４４３ｍの岩間山の山頂付近に位置する。

往時の巡礼者は11番の上醍醐《かみだいご》准胝堂《じゅんていどう》(京都市)から山中の道を辿ったが、現在のアクセスは大津市側から。車道が寺まで通じており、縁日の毎月17日

第12番

岩間山《いわまさん》正法寺《しょうほうじ》（岩間寺《いわまでら》）

宗派 ❖ 真言宗醍醐派
本尊 ❖ 千手観世音菩薩

本堂前の桂は創建伝承の桂の3代目とか

にはJR・京阪石山駅から直通バスが運行される。その他の日は、車でなければ、中千町《なかせんちょう》バス停から約3㎞の舗装車道を歩く。山腹を巻くようにして登って行く道のため、それほど難儀しないだろう。1時間ほど行けば、杉や桂、イチョウの古木が林立する、山の霊気に満ちた境内に着く。

寺伝によれば、岩間寺の開山は、加賀の白山《はくさん》を開いたことで知られる泰澄《たいちょう》大師。泰澄は法力によって元正《げんしょう》天皇の病気を治したことから、天皇の帰依を受けた。勅命により霊地を探していた時、岩間山に聳える桂の大樹から千手《せんじゅ》陀羅尼《だらに》(千手観音の功徳を説いた呪文)が聞こえてきた。そこで泰澄はこの木で等身大の千手観音像を刻み、元正天皇の念持仏の千手観音を胎内に納めて本尊とし、正法寺を創建した。養老6年（722）のことと伝わる。

のちに泰澄が刻んだ像は失われ、現在は創建時の胎内仏という千手観音立像を本尊（秘仏）とする。この本尊は

水上《みなかみ》は
いづくなるらん
岩間寺
岸うつ波は
松風の音

本堂の外陣。正面奥の内陣に「汗かき観音」とよばれる本尊、重要文化財の地蔵菩薩立像などを安置する。向かって左側には納経所がある

衆生を救うため毎夜、136もの地獄を駆け巡り、朝には汗びっしょりになって寺に戻られるという。そのため「汗かき観音」とよばれる。歩いて汗をかいて寺へ登ってきた身には、有り難くも、親近感をもたせてくれる観音さまだ。この本尊は病気や災いを除く霊験で信仰されている。

また本尊には雷除けの信仰もある。伽藍の建立時、たびたび雷が落ちるのに困り果てた泰澄大師は、法力で雷神を封じ込め、なぜ何度も落ちるのか問いただした。すると雷神は「大師の弟子になりたいのです」という。大師を思慕するあまり、困らせていたというわけだ。大師は今後寺に雷の災いを及ぼさないよう約束させ、雷神を弟子にしたという。この雷神は山上で水の乏しい寺のために、鋭い爪で岩を掘り、泉を造りだしたとも伝わる。仁王像の近くから石段を下った所の「雷神《らいじん》爪掘《つまぼり》の湧泉」がそれという。

岩間寺は何度か伽藍を焼失しており、現在の本堂は江戸時代初期の再建。ただし古仏は伝わっており、本堂安置の地蔵菩薩立像、毎月17日に開扉される不動堂の不動明王及び二童子立像は

泰澄大師が白山から勧請した白姫龍神。女性が崇めると美人になるといわれる

芭蕉が「古池や蛙飛び込む水の音」の句を詠んだと伝わる本堂横の池。芭蕉は岩間寺に参籠して本尊の霊験を得、俳風を確立したとも

境内入口に立つ慈愛に満ちたぼけ封じ観音像。12月17日には「ぼけ封じ大根炊き」も行われる

第12番

岩間山 正法寺（岩間寺）

平安時代の作で、いずれも重要文化財に指定されている。

本堂横の池は、松尾芭蕉の名句「古池や蛙飛び込む水の音」で詠まれた池といい、芭蕉直筆の句碑が立つ。また本堂前には泰澄が千手観音を彫った桂の3代目という桂が立ち、境内奥の谷には日本有数の桂の大樹群がある。

岩間寺はぼけ封じの寺としても知られる。近畿十楽ぼけ封じ観音霊場の第4番の観音像が境内入口に祀られており、5・10月の17日の祈願会では、ぼけ封じほうろく灸が行われる。

滋賀県大津市石山内畑町82
077-534-2412
9時～16時30分
300円

寺の入口の東大門（重文）。軒の出が深い堂々たる大門である

第13番

石光山《せっこうざん》

石山寺《いしやまでら》

宗派 ❖ 東寺真言宗
本尊 ❖ 如意輪観世音菩薩

平安貴族にも愛された、優雅な雰囲気漂う観音霊場

　琵琶湖から流れ出る瀬田川のほとり、伽藍山（標高239ｍ）の麓にある。境内のあちこちで見られる奇岩は、寺名の由来となった硅灰石《けいかいせき》（国天然記念物）。石山寺はこれらの石塊が重なり合った巨大な岩盤上に立つ。「石山」と聞けば、険しい所を想像するかも知れないが、実際は真逆の女性的な優しい雰囲気。木々や苔の緑に覆われた境内に古色を帯びた堂塔が点在し、四季折々の花や紅葉が彩りを添える。平安時代の女流文学者たちにも愛された風光明媚な観音霊場である。

　縁起によれば、石山寺は天平19年（747）、仏教を篤く敬った聖武《しょうむ》天皇の勅願で良弁《ろうべん》僧正が創建したという。良弁は、奈良・東大寺の大仏に用いる黄金を探すよう聖武天皇に命じられ、この地を訪れた。そして岩の上に如意輪観音像を祀って祈願したところ、ほどなく陸奥国《むつのくに》で金鉱が発見された。如意輪観音像は岩から離れなくなったので、像を覆う堂を建てたのが始まりとされる。

　歴史的には、当地は瀬田川水運の要

石山寺ゆかりの紫式部の像。境内奥の源氏苑の一角にある

檜皮葺きの本堂(国宝)。平安時代に再建された内陣(正堂)と、淀殿の寄進で慶長7年(1602)に増設された外陣(礼堂)からなる

本堂の「源氏の間」。紫式部が『源氏物語』を起筆した部屋と伝えられている

秘仏本尊の如意輪観音半跏像のお前立ち。如意輪観音は手が6本の六臂像が多いが、こちらは珍しい二臂像となっている

所であり、平城京や東大寺建設の用材の集散地となっていた。そのため、東大寺建立を担った造東大寺司《ぞうとうだいじし》の出先機関として造石山寺所《ぞういしやまじしょ》が置かれ、天平宝字5年（761）から翌年にかけて、伽藍が整えられた。

平安時代に観音信仰が高まると、京の都からほど近い観音霊場として、皇族や貴族らの間で石山詣が流行。その中には文学者も多くいた。紫式部は当寺に7日間参籠、十五夜の月を見て、『源氏物語』の着想を得たといわれる。ほかに『蜻蛉《かげろう》日記』の作者・藤原道綱の母、『更級《さらしな》日記』の作者・菅原孝標《たかすえ》の女《むすめ》らも参籠しており、清少納言は『枕草子』の「寺は」の段で石山寺の名を挙げている。

石山寺は建物、仏像、絵巻などで多数の国宝・重要文化財を所蔵することでも知られる。岩盤上に立つ本堂（国宝）は、滋賀県に現存する最古の木造建築。永長元年（1096）再建の内陣と、のちに淀殿の寄進で増設された懸造《かけづくり》の外陣からなる。本尊の如意輪観音半跏像（重文）は、内陣の厨子内に安置され、安産・福徳・縁結び・厄除けの信仰を集める。日本唯一の勅封の秘仏といい、開扉は33年毎。平成28年がその年にあたり、3月18日から12月4日まで開扉される予定だ。

本堂内の「源氏の間」は、紫式部が『源氏物語』を起筆した所と伝わり、御所人形でその様子が再現されている。

寺の入口である、堂々たる東大門（重

寺名の由来である硅灰石（天然記念物）が境内の中心に露出している。この上方には優美な多宝塔（国宝）が立つ

後《のち》の世を
願うこころは
かろくとも
仏の誓い
重き石山

（上）境内東の高台に立つ月見亭　（下）『石山寺縁起絵巻』に記される、良弁僧正が地主神の比良明神と出会った場所

文）は、源頼朝の寄進で建てられたもの。檜皮葺きの優美な多宝塔（国宝）も頼朝の寄進により、建久5年（1194）に建立された。塔内には鎌倉期の天才仏師・快慶作の大日如来像を本尊として祀っている。

瀬田川や琵琶湖を望む境内東の高台に立つ月見亭は、近江八景の一つ「石《いし》山秋月《やまのしゅうげつ》」のシンボル。紫式部が十五夜の月を見て『源氏物語』を構想したという伝承にちなみ、毎年中秋の名月の時期に秋月祭が行われる。

滋賀県大津市石山寺1-1-1
077-537-0013
8時～16時30分
600円（本堂内陣拝観は別途300円）

第14番

長等山《ながらさん》
園城寺《おんじょうじ》（三井寺《みいでら》）

宗派 ❖ 天台寺門宗総本山
本尊 ❖ 如意輪観世音菩薩

「弁慶の引摺鐘」とよばれる梵鐘（重文）

近江八景「三井の晩鐘」が響く琵琶湖のほとりの大寺院

天台寺門宗《てんだいじもんしゅう》総本山の園城寺は、琵琶湖のほとり、長等山の麓に広大な敷地を有する大寺院だ。

寺伝によれば、壬申の乱に敗れた大友皇子（弘文天皇）の子・与多王が、父の霊を弔うために創建。朱鳥元年（686）、天武天皇が園城寺の寺号を贈ったという。通称の三井寺は、天智・天武・持統天皇の3帝の産湯に使われたという霊泉が境内に湧き、「御井の寺」とよばれたことに由来する。

貞観年間（859〜877）には、智証大師円珍《ちしょうだいしえんちん》が天台別院として中興。三井寺は東大寺・興福寺・延暦寺と共に「本朝四箇大寺」の一つに数えられる大寺へと発展してゆく。

円珍は比叡山で12年間の籠山修行をしたのち、さらに大峯・葛城・熊野三山で修行を積んだ。三井寺は本山派修験道の根本道場でもあり、円珍の事跡

14番札所の観音堂からさらに上った展望所からの眺め。左の大きな建物が観音堂で、正面右は観月舞台。琵琶湖も見える

がその源となっている。第5代天台座主も務めたが、死後、比叡山内で慈覚《じかく》大師派と智証大師派の対立が激化。正暦4年（993）、智証大師派は比叡山を下り、三井寺へ移った。以後、延暦寺を「山門」、三井寺を「寺門」とよび、その確執は長く続いた。

古くから信仰を集める観音堂。現在の建物は元禄2年（1689）に再建されたもので、礼堂・合の間・正堂からなる大堂だ

香煙が絶えない観音堂内は歴史を感じさせる佇まい。壁には多くの額が奉納されている

いで入るや 波間の月を 三井寺の 鐘の響きに あくる湖

山門派による度重なる焼き討ちなどを受けたため、境内に残る建物の多くは、慶長4年（1599）以降に再建されたもの。それでも多くが国宝や重要文化財に指定され、焼失を免れた智証大師ゆかりの寺宝なども多数伝来。三井寺は国宝10件、重文42件を所蔵する文化財の宝庫でもある。

金堂（国宝）は豊臣秀吉の正室・北《きたの》政所《まんどころ》による再建で、桃山建築の代表作。そのすぐ横にある閼伽井屋《あかいや》（重文）には、三井寺の名の由来となった霊泉が今も湧く。金堂の南東に立つ鐘楼（重文）には、近江八景の一つ「三井の晩鐘」で有名な巨大な梵鐘が吊るされており、荘重な鐘音を響かせる。

西国14番札所の観音堂は境内の南東端、琵琶湖を望む高台に立つ。もとは長等山の山頂近くにあり、参道が険しいうえ、女人禁制だった。文明9年（1477）のある夜、三井寺の僧の夢に老僧が現れ、「山を下り、人々の参詣しやすい地に移り、衆生を助けたい」と告げたため、4年後に現在地に移したと伝承されている。

本尊の如意輪観世音菩薩像（重文）は、智証大師の前に出現した如意輪観音を、大師が自ら香木に刻んだものという。33年毎に開扉される秘仏で、通常はお前立ちを拝する。本尊はとりわけ女性に信仰され、次のような霊験も伝わる。江戸時代、大津の商家で働く杉という女性は、三井寺の観音を篤く

重文の三重塔。豊臣秀吉が大和の寺から伏見城に移築したものを、のちに徳川家康が三井寺に寄進した

ハスの咲く境内の池越しに見た金堂。桃山建築の代表作の一つといわれ、国宝に指定されている

（左上）閼伽井屋（重文）に湧く寺名由来の霊泉　（左下）左甚五郎の作と伝わる閼伽井屋の龍の彫刻

第14番

長等山 園城寺（三井寺）

信仰。町に疫病が流行した時、杉だけはかからなかった。また天井から薪を降ろそうとした時、大量の薪が杉の上に崩れ落ちたが、少しのけがもなく助かった。懐を見ると、入れた覚えのない如意輪観音像が入っており、ますます信心を深めたという。

　この話は、歌川広重の浮世絵に描かれて広まり、三井寺の観音堂へますます参詣者が詰めかけたのだった。

滋賀県大津市園城寺町246
077-522-2238（代表）
077-524-2416（札所）
8～17時
600円

今熊野川に架かる朱塗りの鳥居橋が、今熊野観音寺への入口

第15番

新那智山《しんなちさん》 今熊野観音寺《いまくまのかんのんじ》

宗派 ❖ 真言宗泉涌寺派
本尊 ❖ 十一面観世音菩薩

後白河法皇の頭痛を治した「頭の観音さま」が本尊

東山の山懐に抱かれて立つ今熊野観音寺は、新緑や紅葉の美しい寺として、また頭の悩みに効験あらたかな観音の寺として知られている。東大路通から泉涌寺《せんにゅうじ》の大門へ続く道の途中から左へ折れる小道を辿る。楓のトンネルの下にある赤い鳥居橋を渡り、観音さまの領域へと進む。

寺の創建を尋ねると、平安時代の初期に遡る。唐で真言密教を学んで帰国した弘法大師空海は、東山山中で老翁に姿を変えた熊野権現に出合い、1寸8分（約5・5㎝）の観音像を託された。そこで大師は1尺8寸（約55㎝）の十一面観音像を刻み、その胎内に熊野権現より授けられた像を納めて、堂を建立されたという。

その後、左大臣の藤原緒嗣《おつぐ》が伽藍の造営を発願、斉衡2年（855）に完成をみたと伝わる。やがて紀州熊野を観音の住む補陀落浄土とする信仰が広

秘仏本尊を祀る厨子の前におわします、十一面観世音菩薩像のお前立ち（お身代わり像）

昔より
立つとも知らぬ
今熊野
ほとけの誓い
あらたなりけり

大師堂の前に立つ「ぼけ封じ観音」。切実な願いを叶えてくれると信仰されている

まると、当寺は熊野権現が出現した地に立つ観音の寺として、篤く信仰されるようになっていった。なかでも特別だったのが後白河法皇である。

　平安時代、都からはるばる熊野へ行幸された天皇は多いが、後白河法皇は最多の34度も熊野御幸を重ねた。一方、源平争乱の世に、たびたび京都を留守にすることもできないため、熊野権現を勧請し、自らの御所の鎮守とした。これが新熊野《いまくまの》神社で、今熊野観音寺はその本地仏を祀る寺として崇敬した。

西国三十三所の各本尊を、石仏として祀る祠が立ち並ぶ「今熊野西国霊場」

以後、寺は新那智山と号し、今熊野とよばれるようになった。

　寺は熊野修験の本山格として栄えたが、現在は修験道を離れ、泉涌寺の塔頭となっている。境内に入ると、子供たちに囲まれた「子護弘法大師」の像に迎えられる。泉涌寺が皇室の香華寺として「御寺《みてら》」とよばれるのに対し、観音寺は大師伝説と観音信仰が結び付いた庶民の寺なのである。

　現在の本堂は、正徳2年（1712）の建立。弘法大師が熊野権現と出会った神聖な場所に立っているという。本尊は弘法大師作と伝わる十一面観世音菩薩像。秘仏で、毎年9月21～23日のみ開扉される。それ以外の時期は厨子前のお前立ちを拝する。この本尊は後白河法皇の持病の頭痛を治したとの伝承があり、頭の悩みや知恵授けの霊験があるとして信仰されている。

　本堂の東側には、弘法大師を祀る大師堂がある。その前に立つ観音像は本尊にちなんで「ぼけ封じ観音」とよば

秋には境内が一斉に紅葉に彩られる。11月下旬には「紅葉まつり」も開かれ、大勢の参拝者で賑う

(左上)弘法大師が名付けたという霊泉「五智水」 (左下)堂々たる本堂。山中に見える多宝塔が医聖堂

第15番

新那智山　今熊野観音寺

れ、願いを込めて奉納された身代わりの石仏が、ぎっしりと台座のまわりを囲んでいる。このほか境内には、弘法大師が地面を錫杖で打つと湧き出したという「五智水」や、医の世界に貢献した人を祀る医聖堂などがある。

　境内奥の医聖堂に向かう山道沿いには、西国三十三所霊場の本尊の石仏が立ち並び、ここだけで西国霊場巡りができるようになっている。また本尊が開扉される9月21～23日には、四国八十八所お砂踏法要が行われ、京都にいながら四国霊場を巡拝したのと同じ功徳が得られるという。

京都府京都市東山区泉涌寺山内町32
075-561-5511
8～17時　境内自由

紅葉の名所としても知られ、夜間特別拝観ではライトアップも

第16番

音羽山《おとわさん》 清《きよ》水《みず》寺《でら》

宗派 ∵ 北法相宗大本山
本尊 ∵ 十一面千手千眼観世音菩薩

「清水の舞台」を擁する 世界に名高い観音霊場

北から西から、観音詣の道が音羽山の中腹に立つ寺へと延びている。みやげ物店の賑わいが尽きた所が境内だ。厳めしい塀はどこにもなく、現存する仁王像では、京都で最も大きいという仁王像が出迎えてくれる。

毎年5000万人を超える観光客が訪れる京都で、世界遺産にも登録されている清水寺は一番の人気スポットである。本尊の十一面千手千眼観音像は平安時代より霊験がさまざまに語られ、国宝の本堂ほか15の重要文化財の伽藍が立ち並ぶ境内は、桜や紅葉も見事。季節を問わず、朝に夕に、そしてライトアップされる夜の特別拝観時にも、人々に感動を与え続けてきた。

寺の歴史は長い。今から1200年以上も昔の宝亀9年（778）、大和の僧・賢心《けんしん》（のちの延鎮《えんちん》上人）が、夢告に従って訪れた音羽山麓で清らかな滝を発見、そのほとりに庵を結び、千手観音像を祀ったことに始まる。2年後、妻の安産祈願のため鹿を求めて音羽山に入った坂上田村麻呂は、賢心に殺生を戒められ、観音の教えを諭され

「清水の舞台」として世界的にも有名な、懸造の本堂。舞台は本堂から、錦雲渓の急崖に張り出すように造られている

松風や
音羽の滝の
清水を
結ぶこころは
涼しかるらん

秘仏本尊・十一面千手千眼観世音菩薩像のお前立ち像。左右の腕を頭上に高く挙げ化仏を戴く珍しい姿だ（写真提供／清水寺）

3筋に分かれて流れ落ちる音羽の滝。この清水を飲もうと、いつも長蛇の列がある

て、仏法に帰依。自邸を仏殿に寄進したという。

寺はその後、幾度か火災に遭い、現在の堂塔の多くは、江戸時代初期、徳川3代将軍家光によって再建されたもの。「清水の舞台」として名高い本堂は、寛永10年（1633）、平安時代の寝殿様式で再建された。正面36m、側面30mの大堂で、前面に懸造の舞台が張り出している。舞台は、釘を使わずに巨大な欅の柱を組み上げており、高さは4階建のビルに相当する。410枚の檜板を敷いた舞台の面積は190㎡。桜や紅葉が美しい錦雲渓《きんうんけい》を眼下に、京都市街を一望できるが、本来の役目は、本尊に雅楽や芸能などを奉納するための、まさに〝舞台〟なのである。

今でも一大決心をすることを「清水の舞台から飛び降りるつもりで」などというが、江戸時代中期から幕末にかけて、170年間に253件の飛び降り事件があったと記録に残る。観音を信じて飛び降りると、死ぬことはなく、願いは叶うという信仰からだったが、明治時代に京都府から禁止令が出され、やっと収まったという。

本堂の中は外陣、内陣、内々陣に分けられており、通常の拝観は、外陣とその外の廊下から行う。本尊は内々陣の厨子に安置され、33年に一度開帳される秘仏。通常のご開帳は2033年まで待たねばならない。お前立ちに写す姿は、左右の腕を頭上に挙げ、化仏《けぶつ》を戴くという珍しい姿で、清水型観音とよばれる。その左右を、鎧に身を固

本堂の舞台下の柱組。最長12mの巨大な欅の柱を18本立て、縦横に貫(ぬき)を通して組んでいる

(左上)境内に佇む石仏に彼岸花がやさしく寄り添う
(左下)清水寺の正門である丹塗りの仁王門(重文)

第16番

音羽山 清水寺

めた二十八部衆像が守る。毎年8月9～16日の「千日詣り」には厨子のすぐ前まで入れ、本尊に献灯できる。

本堂の下には、清水寺の信仰の源であり、寺名の由来となった音羽の滝がある。古来、延命の水といわれ、水垢《みずご》離《り》の霊場である。3筋に分かれて流れ落ちる清水は、学業上達、縁結び、健康長寿のご利益があるとして、いつも行列ができている。

京都府京都市東山区清水1-294
075-551-1234
6～18時(季節により異なる)
300円

本堂正面の軒回りには、極彩色の文様が施されている

宝物館に安置されている「平清盛坐像」（重文）
（写真提供／六波羅蜜寺）

「市の聖」とよばれた空也の姿に願いを託す

応和3年（963）、「市《いち》の聖《ひじり》」とよばれた空也上人が建立した西光寺に始まる。

空也は高貴な出自の人といわれ、醍醐天皇の第2皇子という説もある。しかし本人は自らの出生を明らかにすることはなく、生涯ひとりの僧として庶民に寄り添った。若き日、念仏を唱えながら諸国を巡歴し、橋を架け、井戸を掘り、貧しく病める人々を救って回

第17番

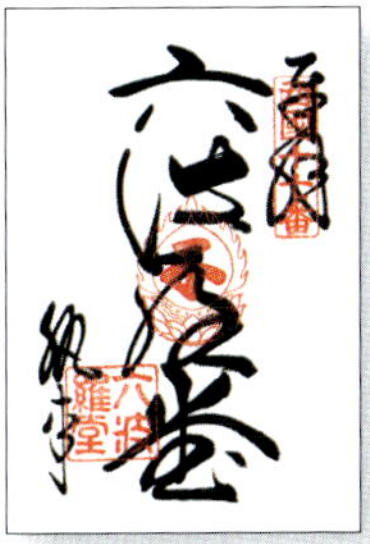

補陀洛山《ふだらくさん》 六波羅蜜寺《ろくはらみつじ》

宗派 ❖ 真言宗智山派
本尊 ❖ 十一面観世音菩薩

一つだけ願いが叶うという「一願石」

った。その時、草木の薬効を体得したのだろうか。天暦5年（９５１）、都に疫病が大流行し、死者があふれた時、自ら刻んだ十一面観音像を車に載せて引き歩き、念仏を唱え、茶や梅干を入れた薬湯を病者に与えたという。

それから12年後、空也が大般若経６００巻の書写を終えると、結縁を願う人々が浄財を集め、堂宇を建立、先の十一面観音像が安置された。これが西光寺である。空也は寄進を受けても全て貧しい人々にあげてしまい、自らは常に無一物だったという。ある時「どのように念仏を唱えるのが正しいのでしょうか」と空也に問う人があったが、空也はただひとこと「捨ててこそ」と答えたという。

天禄3年（９７２）、空也がこの寺で亡くなった後、高弟の中信が伽藍を整え、六波羅蜜寺と改称。庶民だけでなく、朝廷の信頼も篤かった寺は広大な寺域を占めるようになった。しかし、のちに平家一門がこの地に５２００余

重くとも
五つの罪は
よもあらじ
六波羅堂へ
参る身なれば

本堂の傍らには、時代を経た地蔵石仏が祀られている。かつて境内から掘り出されたものという

もの居館を構えたため、平家没落の折、兵火を受けて、本堂以外の建物を焼失するという災難に遭った。

現在の本堂は、貞治2年（1363）の再建。本尊は空也の作と伝わる高さ2・59mの十一面観音立像で国宝に指定されている。厨子に納められた秘仏で、辰年（12年に一度）しか開帳されないが、お前立ち仏や、境内の縁結び観音像に姿を偲ぶことができる。

参拝を終えたら、本堂の奥に立つ宝物館を拝観したい。再三の火災から守られた平安・鎌倉期を代表する14体の重要文化財の仏像がずらりと並ぶ、まさに傑作仏像の宝庫である。なかでも有名なのが、空也上人立像。念仏を唱えて歩く上人の口から、6体の阿弥陀如来が現れたという伝承をもとに、運慶の4男・康勝が制作した鎌倉期写実彫刻の傑作だ。作者名は不明ながら、経巻を手にした僧形の平清盛坐像もよく知られている。

霊験あらたかという「鬘掛《かつらか》け地蔵」とよばれる地蔵菩薩立像は、平安期の巨匠・定朝《じょうちょう》の作。また「夢見地蔵」とよばれる運慶作の地蔵菩薩坐像も安置

境内には平清盛の供養塔が立つ。平安後期、あたり一帯が平家一門の拠点となっていたことに因む

毎年8月8～10日に行われる萬燈会。
本堂内に灯明で「大文字」を点じる。
空也上人により始められた伝統行事

粗末な衣に草鞋履きで諸国を行脚した、
空也上人の人となりを写実的に表した
「空也上人立像」(重文)
(写真提供／六波羅蜜寺)

第17番

補陀洛山 六波羅蜜寺

京都府京都市東山区五条通大和大路上ル東
075-561-6980
8～17時
(宝物館は8時30分～16時30分受付終了)
境内自由(宝物館600円)

する。この像は、かつて六波羅蜜寺の境内にあった運慶一族の菩提寺・十輪院の本尊だった。宝物館には同じく十輪院に祀られていた運慶坐像と、その長男の湛慶坐像も納められている。

さて京都では正月1～3日に、無病息災を願って梅干や昆布を入れた茶を飲む「大福茶（皇服茶《おうぶくちゃ》）」という風習がある。実はこれは空也が人々に授けた薬湯が起源とされ、六波羅蜜寺でも三ヶ日の間、参拝者に授与される。

周囲をビルで囲まれた京都洛中の繁華街に、風格ある山門を構える

第18番

紫雲山《しうんざん》 頂《ちょう》法《ほう》寺《じ》（六角堂《ろっかくどう》）

宗派❖天台宗（単立）
本尊❖如意輪観世音菩薩

華道の発祥地でもある 京都市内屈指の古寺

飛鳥時代に聖徳太子が創建したという京都市内屈指の古寺。京の町の真ん中にあり、本堂が六角形であることから古来、「六角さん」と親しまれている。寺はいけばな発祥の地でもあり、華道家元池坊《いけのぼう》が本拠を置く。その家元が代々の住職を継いでいる。

縁起によれば、太子が四天王寺建立の用材を探してこの地を訪れた時のこと。太子は清らかな水をたたえる池を見つけ、沐浴をするため、念持仏の如意輪観音像を木に掛けておいた。すると観音は木から離れなくなり、「これからはこの地に留まって、衆生を救済したい」と告げた。そこで太子は観音像を祀る六角形の堂を建立した。これが当寺の始まりという。

以来、観音信仰、太子信仰に支えられて発展。鎌倉時代に参籠した親鸞は、観音の夢告を得て、法然を訪ね、のちに浄土真宗を開いた。また、応仁の乱後、町衆が台頭すると、寺は自治活動の拠点「町堂《ちょうどう》」ともなっていった。観音信仰の寺は、人々の心の拠り所であると共に、宗派を越えて人々が結束す

厨子に祀られる秘仏本尊・如意輪観世音菩薩のお前立ち。約5.5㎝という本尊を大きくした、約1.5mの木像だ

わが思う
心のうちは
六《むつ》の角《かど》
ただ円《まろ》かれと
祈るなりけり

本堂には常に香煙が漂い、巡礼者のみならず地元の人や観光客のお参りが絶えない

上から見た六角形の本堂。ぜひエレベーターに乗って確かめてみたい

る要石の役割を果たしてきた。

車の往来が激しい烏丸《からすま》通から、寺の通称に由来する六角通を東へ入ると、南面して立つ山門がある。ビルの谷間に埋もれそうな狭い境内の正面に、六角形の屋根を二重にした、明治初期再建の本堂が立つ。特徴的な屋根は、本堂西側のビルの展望エレベーターを昇って、上から見るとよくわかる。

本堂内に祀る本尊は、聖徳太子ゆかりの身の丈5・5㎝の如意輪観音像。秘仏であり、前回は西国霊場中興の祖花山法皇の一千年忌を記念して平成20・21年に136年ぶりに公開されたが、その姿はお前立ちから想像するしかない。お前立ちは六臂の手に宝珠や宝輪などを持つ。衆生の苦しみを救い、あらゆる願いごとを叶えて下さると、篤く信仰されてきた。

本堂前の柳の木は「六角柳」とよばれ、枝を2本寄せておみくじを結ぶと、良縁に恵まれるという。また、木のすぐ横には中央に穴が開いた六角形の石が埋められている。京都の中心に当たる「へそ石」とか、当初の本堂の礎石とかいわれ、次のような伝説もある。平安京造営の折、街路を通すべき所に六角堂があるため、本尊に「この地を離れたくないと思し召しなら、南北いずれかに御動座ありたし」と祈願した。すると雲が湧き起こって、本堂はひとりでに15mほども北へ移動したという。その本堂の名残が、へそ石というわけだが定かではない。

本堂の背後には、開基の聖徳太子が

桜に彩られた本堂。桜の季節が[illegible]をステ[illegible]ジに池坊の大作いけばな展が開催される

（左上）京のちょうど中心を示す「へそ石」（左下）「池坊」の名称の由来となった聖徳太子沐浴の池跡

第18番

紫雲山 頂法寺（六角堂）

沐浴したと伝えられる池跡があり、また境内北端には華道家元池坊の本部ビルが立つ。太子に従って当地を訪れた小野妹子は、この池のほとりに住房を構え、太子の念持仏である本尊に、花を供えることを務めとした。池のほとりの住房は「池坊」とよばれ、代々の住職は花を供える役目を受け継いできた。そこから華道が起こり、華道池坊に発展したという。

京都府京都市中京区六角通東洞院西入ル堂之前町248
075-221-2686
6～17時（納経は8時～）
境内自由

「こうどうさん」とよばれ地元の人からも親しまれる庶民的なお寺

いつの世も庶民の願いに寄り添う尼寺

御所の南西、寺町通沿いに門を開く行願寺は、革堂の名で親しまれてきた。元は御所の西方、一条小川に行円《ぎょうえん》上人が創建し、豊臣秀吉の政策で寺町荒神口に移転、宝永5年（1708）に大火に遭い、現在地に再移転した。山号を霊麀山と号するが、馴染みのない

秘仏本尊・千手観世音菩薩像のお前立ち。厨子に納まる本尊は、行円が自ら彫ったものだという

第19番

霊麀山《れいゆうざん》 行願寺《ぎょうがんじ》（革堂《こうどう》）

宗派 天台宗
本尊 千手観世音菩薩

納経所にも尼寺ならではの優しさが漂う

「麀」の字は雌鹿を表し、そこには行円の思いが込められている。

　行円について、九州の人というが、生没年もわからない。若いころ狩をして、射た鹿の体内から子鹿が誕生したのを見て、殺生を悔い、仏門に入った。そして、寛弘元年（1004）、一条小川の一条北辺堂を復興し、行願寺と改めた。行円は雌鹿の皮にお経を記して衣とし、いっさいの人々の救済を念じて活動した。人々は行円を「革聖《かわのひじり》」と呼び、革聖の建てた寺は、革堂の名で知られるようになった。

　中世には上京の町衆の結集の場となり、有事の際は寺の鐘が打ち鳴らされて、人々が集まり、行動を共にした。宗派を越えて心の拠り所となっていたのは、下京の六角堂と同じである。

　今も寺には、朝に夕に近所の人たちがお参りに訪れる。山門を入った正面に、文化12年（1815）建立の本堂が立っている。入母屋造の屋根に千鳥破風を付け、さらに軒唐破風の向拝を

花を見て　いまは望みも　革堂の　庭の千草《ちぐさ》も　盛りなるらん

付けている。外陣の格天井には、信者が寄進した171面の彩色花鳥の見事な透かし彫りがある。本尊の8尺（約2・4m）の千手観音像は秘仏で、毎年1月17・18日の初観音に公開される。この像は、行円が夢告を受け、賀茂社を訪れた時に槻の木を見つけ、自らの手で彫り上げたと伝わる。

境内の西北隅に立つ高さ3m余の石造五輪塔は、行円がその恩に報いるために建てたともいわれ、刳り抜いた穴の中に霊木を授けた賀茂明神を祀っている。境内北に立つ鐘楼は、本堂と共に市指定文化財。また境内には、恋愛や縁結びの信仰をもつ愛染明王、家庭円満を願う鎮宅霊符神、都七福神のひとり寿老人など、庶民の願いを叶えてくれる多くの仏が祀られている。

革堂は西国霊場の中で、唯一の尼寺。境内のあちこちに、尼寺ならではの心遣いがあり、参拝者を包み込む優しさがある。先代住職の中島湛海《たんかい》さんは、女性で初の天台宗大僧正となった人。昭和44年に住職となってより、荒廃していた伽藍を整備し、行願寺会館を建設した。会館の中には宝物館（通常非公開）があり、平安時代の増長天などの仏像、行円が身に着けていた皮衣、

本尊に向かって右に祀られる地蔵菩薩立像。頬被りをした珍しいお姿で、巡礼者を迎えてくれる

御朱印を授かろうと、巡礼者の行列ができることもしばしば。本堂は京都市指定文化財となっている

本堂外陣の格天井。171面もの彩色花鳥の彫刻が施されている。本堂建立に尽力した寄進者の名前が1面ごとに記されているという

こぢんまりとした境内は、いつも清らかに保たれている。季節にはハスやアジサイの花が彩りを添える

第19番

霊鹿山
行願寺（革堂）

「幽霊絵馬」などを納めている。
　幽霊絵馬については、次のような伝説がある。江戸時代末ごろ、毎日のように境内で子守をしていた少女が、雇い主に虐待され、死亡してしまった。主人は遺体を親に帰すこともなく、土蔵に隠したが、行願寺での通夜に少女が幽霊となって現れて真相を告げた。両親は少女の姿を写した絵馬に、遺愛の手鏡を添えて寺に奉納したという。この絵馬は8月21～23日に本堂で供養され、特別公開される。

京都府京都市中京区寺町通竹屋町上ル行願寺門前町17
075-211-2770
8時～16時30分
境内自由

第20番

西山《にしやま》 善峯寺《よしみねでら》

宗派 ∵ 天台宗（単立）
本尊 ∵ 千手観世音菩薩

元禄5年（1692）、桂昌院の寄進により再建された本堂（観音堂）

桂昌院の熱い思いで蘇った西山の名刹

京都西山の釈迦岳の中腹に立つ。バス停から坂道を登って山門へ。源頼朝寄進という運慶作の金剛力士像に迎えられ、一歩境内に入ると、清らかな空気に包まれる。3万坪の境内に点在する堂塔を巡る道は山上へと続き、最奥に立つと、眼下に四季の花に包まれた境内が広がり、京都の町が一望できる。寺全体が時間をかけて周遊する庭園になっており、巡るうち心が清められていくようだ。

縁起によれば、長元2年（1029）、恵心僧都源信《えしんそうずげんしん》の高弟・源算《げんざん》上人が開いた。上人は47歳のとき、この地に小堂を建て、自刻の千手観音像を安置した。のちの長久3年（1042）、後朱雀天皇の勅命で、洛東・鷲尾寺から遷した千手観音像を本尊とし、源算が刻んだ像は脇本尊として祀られるようになった。

鎮護国家の勅願所と定められた寺は歴代天皇の崇敬を受けた。また皇室より多くの親王が入寺された。しかし応仁の乱の兵火により堂宇を焼失。江戸時代、徳川5代将軍綱吉の生母・桂昌院《けいしょういん》の尽力を受け、復興した。小堂

九十九折れの急坂を登った先に立つ豪壮な山門。正徳6年(1716)建立の楼門形式で、左右には金剛力士像を祀っている

野をもすぎ
山路にむかう
雨の空
善峯よりも
晴るる夕立

6月には満開となったアジサイで埋め尽くされる「白山 桜あじさい苑」

をはじめ、薬師堂、経堂、鐘楼など、現在の建物の多くは桂昌院が寄進したもの。同様に幾多の貴重な宝物も残る。

　桂昌院は京都の生まれ。生家は八百屋ともいわれるが、やがて江戸城に入って3代将軍家光の目にとまり、綱吉を産んだ。日本版シンデレラともいえる出世ぶりで、幼名のお玉から「玉の輿に乗る」という言葉ができたとか。信心深い桂昌院は、京都や奈良の多くの寺を援助したが、とりわけ善峯寺に手厚かった。幼少の一時期ここに住んでいたともいい、また養父の本庄氏がこの寺の薬師如来に深く帰依していたことが理由らしい。

桂昌院が寄進した経堂に祀られる中国南北朝時代の僧・傅大士（ふだいし）の像

　さて、本堂安置の本尊千手観音像は秘仏で、1月1～3日と、毎月第2日曜に開扉される。その隣には源算自刻という千手観音像が祀られており、こちらは洛陽観音霊場第1番の本尊となっている。また奥の院に立つ薬師堂の本尊は桂昌院の養父が信仰し、彼女の出世をもたらしたというので「出世薬師」とよばれている。

　釈迦堂の本尊は源算の自作とされる石像。もとは釈迦岳頂上に祀られていたが、明治時代に現在地に遷した。そのとき、釈迦如来は玉の汗をかいておられたので、布で汗を拭った人々がその布で体の痛む所を撫でると、痛みはたちどころに癒えたという。霊験は評判をよび、今も神経痛や病の平癒を願ってお参りする人が多い。

　多宝塔前には国の天然記念物に指定

元和7年（1621）に再建された多宝塔（重文）。檜皮葺きの優美な姿に、鮮やかな紅葉が映える

（左上）「けいしょう殿」に祀られる桂昌院の像
（左下）起伏に富んだ境内を、四季折々の花が彩る

第20番

西山 善峯寺

された樹齢600年以上という五葉松がある。高さは2m余りだが、北と西へ伸びる枝の長さは約37m。地を這うように伸びる姿から「遊龍《ゆうりゅう》の松」とよばれる。経堂西側には桂昌院お手植えの枝垂桜も。ほかに彼岸桜、山桜、八重の桜などもあって、ひと月ほど花見が楽しめる。また梅、ツツジ、アジサイ、秋明菊などの花々や紅葉が、観音霊場巡りの人々の心を癒してくれる。

京都府京都市西京区大原野小塩町1372
075-331-0020
8～17時
500円

江戸中期再建の本堂。秋の境内では紅葉も楽しめる

第21番

菩提山《ぼだいさん》 穴太寺《あなおじ》

宗派 ❖ 天台宗
本尊 ❖ 聖観世音菩薩

身代わり観音を本尊とする古寺には見事な庭園も

穴太寺は亀岡市街地の南西、のどかな田園地帯に位置する丹波地方で屈指の古刹である。

縁起によれば、慶雲2年（705）、文武天皇の勅命を賜った大伴古麿《おおとものこまろ》が開いたと伝わる。創建時は疫病退散や五穀豊穣を願う薬師如来を本尊としていたが、約250年後に聖観音も祀られるようになった。それは、ある男が観音さまの霊力で改心したことが、きっかけになったという。

男の名は丹波国郡司の宇治宮成《うじのみやなり》。常日ごろ強欲な態度で暮らしていた宮成は、京より招いた仏師の感世《かんせい》に聖観音像を彫刻させた。夫とは異なり篤信家の妻は、お礼として白馬を差し出した。それを見た宮成は馬が惜しくてならない。矢も盾もたまらず、家を飛び出した宮成は、先回りをして、感世に矢を放ち、白馬を奪い返した。

帰宅すると聖観音像には矢が刺さり、鮮血が流れていた。奪い返したはずの馬の姿もない。京へ使いを出すと、感世は無事だという。「観音さまが身代わりになられた」と悟った宮成は、

古色を帯びた本堂に貼られた無数の千社札が寺の歴史の長さを物語る。本堂の右隣りに納経所がある

本坊前の詩情あふれる庭園。庭の左手には文化元年(1804)再建で美しい立ち姿の多宝塔がある

仁王門から見た本堂。本堂内の格天井は狩野派の絵師が描いた動植物の絵で飾られている

己の愚行を深く恥じて仏門に入り、穴太寺に聖観音像を祀った。以来、この像は「身代わり観音」として人々の信仰を集めるようになったという。

侘びた風情の仁王門をくぐり、境内に入る。正面に立つ本堂は、江戸時代中期の再建。格天井は狩野派が描いた動物や植物の絵で飾られている。堂内中央には寺の本尊である薬師如来像、左に札所本尊の聖観世音菩薩像（身代わり観音）を安置するが、ともに秘仏。感世作と伝わる像は昭和43年に盗難に遭い、厨子には昭和の名仏師・佐川定慶作の像が納められており、同寸のお前立ちの聖観音像が薬師如来の右の厨子に祀られている。

堂内には、布団を被って横に臥せている木彫の釈迦涅槃像も安置する。「なで仏」とよばれ、両本尊と並んで信仰を集めている。檜材の寄木造りで鎌倉時代の作。涅槃像は絵画が多く、彫刻は珍しい。願いを込めながら、自分の体の悪い所と同じ部分をなでる

札所本尊の聖観世音菩薩像のお前立ち。本尊は33年に一度開帳される

かかる世に
生まれあう身の
あな憂《う》やと
思はで頼め
十《と》声《こえ》一《ひと》声《こえ》

本堂の一角に布団を掛けられて横たわる釈迦涅槃像。全身が黒光りしている

と、ご利益があるとされる。お像の全身は数多の参拝者からなでられて黒光りしており、病気平癒の切なる思いが伝わってくる。体に掛けられた温かそうな布団は、祈願後に病や痛みが癒えた信者が奉納するらしい。

本堂と回廊で結ばれた本坊は、寺院には珍しい武家屋敷造り。欅の一枚板で造られた龍虎などの欄間彫刻をはじめ、贅沢な普請が見てとれる。本坊書院に面する庭は、丹波地方随一の呼び声も高い桃山風の池泉築山式庭園で、京都府指定名勝。大小の石組や刈込を配し、優美な多宝塔や本堂を借景とする。紅葉の季節が特に美しい。

おもしろいのは、境内を囲む土塀を持ち上げて、二分している大きなムクノキ。木の傍にいるだけでパワーがもらえそうな気がする。延宝4年（1676）に描かれた『穴太寺観音縁起絵巻』にも描かれており、長く寺とともに歩んできた巨木である。

京都府亀岡市曽我部町穴太東ノ辻46
0771-24-0809
8～17時
境内自由（本堂・庭園500円）

重厚な本堂は豊臣秀頼が慶長8年(1603)に再建したもの

第22番

補陀洛山《ふだらくさん》 総持寺《そうじじ》

宗派 ❖ 高野山真言宗
本尊 ❖ 千手観世音菩薩

料理の達人が開いた寺 本尊は亀に乗った観音さま

御本尊は亀の背に乗った珍しい姿の観音さま。創建したのは、藤原山蔭《やまかげ》という平安時代前期の公卿で、料理の達人。大阪・茨木の市街地に立つ総持寺は、西国三十三所の中でも異彩を放つ観音霊場である。

総持寺の創建については、寺の縁起絵巻で詳しく語られるほか、亀の恩返し説話として『今昔物語集』などにも記されている。

それらによれば、山蔭の父・藤原高房は幼い山蔭を連れて、大宰府へ赴任する途中、淀川で漁師に捕まっていた大亀を助け、川へ逃がしてやった。河口でその夜を過ごした高房は翌朝、山蔭が川に落ちたことを知る。いくら探しても見つからなかったが、観音に祈ると、前日に助けた大亀が元気な山蔭を背に載せて現れた。高房は深く感謝し、観音像の造立を発願。しかし果たせぬうちに亡くなり、成人した山蔭が遺志を継いだ。

山蔭は長谷寺の観音のお告げで巡り会った、童子の姿をした仏師に造像を任せることにした。童子は「千日かけ

亀の背に乗った本尊千手観世音菩薩のお前立ち。親しみやすい童顔で、亀に助けられた山蔭の姿を思い起こさせる

おしなべて
老いも若きも
総持寺の
ほとけの誓い
頼まぬはなし

庭園越しに見た薬師堂。境内にはほかに大師堂、閻魔堂、不動堂などもあり、池にはたくさんの亀が泳いでいる

本堂の後方には包丁を供養する包丁塚があり、プロの料理人のものだけでなく家庭で使い込んだ包丁も奉納される

て仏さまを彫る。その間はだれもお堂に入らぬこと、また山蔭自身が私の食事を作ること」と申し渡した。そして千日目の朝、童子は空に飛び立ち、山蔭が急いで堂に入ると、亀に乗った千手観音が祀られていたという。のちに山蔭も志半ばで亡くなると、その子供たちが跡を継いで七堂伽藍を整備、山蔭の三回忌にあたる寛平2年（890）に落慶したと伝わる。

創建後は、一条・後一条・白河・鳥羽天皇の勅願寺として栄えた。元亀2年（1571）には織田信長の焼き討ちに遭い、現在の本堂や仁王門は慶長8年（1603）に、豊臣秀頼が再建したものだ。

本尊の千手観音立像は、高房の最愛の子・山蔭を観音が救ったことにちなみ、創建時から「子育て観音」として信仰されてきた。また信長の焼き討ちの際にも焼け残ったことから、火除け、厄除けの観音さまとしても崇敬される。秘仏だが、毎年4月15～21日に開扉。普段は厨子前のお前立ちを拝する。本尊と同様に、亀の背に乗った姿。親しみやすい丸いお顔には、あどけなさも感じられ、大亀に助けられた山蔭を彷彿させる。

山蔭は童子の仏師に千日間、料理を供した際、一度も同じ料理は作らなかったという。実際、山蔭は料理に通じ、

開山堂に祀られている藤原山蔭像。山蔭は中納言の要職を務めた平安前期の公卿で、料理の名手でもあった

第22番

補陀洛山
総持寺

（左上）境内の庭園は四季折々の草花に彩られる
（左下）西国三十三所の本尊の石仏も安置されている

平安期の宮中の料理作法を整えた人といわれる。今では「庖丁道の祖」「日本料理中興の祖」などと崇められ、総持寺の境内にある包丁塚には、プロの料理人から主婦までが包丁を奉納するために訪れる。

　また山蔭坐像を祀る開山堂では、本尊開扉期間中の4月18日、山蔭流庖丁式が古式に則って行われる。古装束に身を包んだ料理人が、食材の魚に一切手を触れることなく、包丁と箸だけでさばく儀式。山蔭以来の伝統という、巧みな包丁さばきに、参拝者からため息がもれる。

大阪府茨木市総持寺1-6-1
072-622-3209
6〜17時（納経は8時〜）
境内自由

朱塗りの本堂は豊臣秀頼による再建。梅雨時には清楚なアジサイの花に彩られる

豊かな自然に包まれた勝運信仰と花の寺

大阪市街の真北、明治の森箕面国定公園内の景勝地に位置する勝尾寺は、由緒正しい「勝運の寺」として信仰を集めている。関西屈指の「花の寺」としても知られ、約8万坪の境内には、遅咲きの枝垂桜やシャクナゲ、アジサイが折々に咲き誇り、紅葉も見事。四

広大な境内のいたる所に、参拝者がひいたダルマみくじがちょこんと置かれている

宗派 ∴ 真言宗
本尊 ∴ 十一面千手観世音菩薩

第23番

応頂山《おうちょうざん》

勝尾寺《かつおうじ》

花の寺としても有名な勝尾寺の石柱

季を通じて多くの参拝客が訪れる。

寺の草創は奈良時代。神亀4年（727）、双子兄弟である善仲《ぜんちゅう》・善算《ぜんさん》両上人が、この地に草庵を結んだのが始まりという。のちの天平神護元年（765）、光仁天皇の子の開成《かいじょう》皇子が来山、両師に師事し、仏門に入った。3人は大般若経600巻の写経を目指したが、両師は先に他界。遺志を継いだ皇子は宝亀6年（775）に完成させて堂を建て、弥勒寺と号した。

勝尾寺に改称したのは平安時代。第6代座主の行巡《ぎょうじゅん》上人の次のような故事にちなむ。当時、朝廷は清和天皇の病気平癒祈願のため、上人を宮中に召し出そうとした。上人は「12年間の特別な修行を積んでいるため、寺を出るわけにはいかない」と断ったため、天皇は山を出ずに寺で祈祷するように伝えた。やがて天皇の病は回復。行巡は見事に効験を示したことで、天皇より、王に勝つ寺「勝王寺」の寺号を賜った。しかし寺側が恐縮し、王を尾の字に控

勝ちダルマ納め所。勝運成就を果たした参拝者は、両目を入れたダルマをこの場所に納める（写真提供／勝尾寺）

重くとも罪には法《のり》のほとけを頼む身こそやすけれ

勝尾寺《かちをでら》

えて、「勝尾寺」としたという。

以来、源氏や足利氏、豊臣氏ら時代の覇者が戦勝祈願を行い、庶民の間にも勝運信仰が広まった。今では、受験・病気・選挙・スポーツ・芸事・商売など、人生のあらゆる勝負の成功を祈願する人々が訪れる。

　豊臣秀頼が再建した朱塗りの仁王門をくぐり、弁天池に架かるお浄め橋を渡る。見上げれば山の緑と、空の青のコントラストが鮮やかで、境内は清涼な空気に満ちている。多宝塔を望みながら参道を進んで行くと「勝ちダルマ納め所」の前に出る。当寺より授けられる勝ちダルマは、勝負事の願いを叶えてくれるお守り。願いが叶えば自身でダルマに目を入れて、ここに納める。また参拝者がひいた小さなダルマみくじが、灯籠の台座や、塀の屋根瓦の上など境内の随所に置かれており、かわいい姿に和まされる。

　境内の中心に立つ本堂も秀頼による再建。毎月18日に開帳される本尊の十一面千手観音像は身の丈8尺。宝亀11年（780）、寺に現れた妙観《みょうかん》と18人の弟子が、7月18日から8月18日の1カ月間で彫り上げたと伝わる。完成後に

仁王門に掲げられた扁額。門の横にはみやげ物も揃う休み処「花の茶屋」がある

紅葉に包まれた境内。この時期には夜間ライトアップが行われる（写真提供／勝尾寺）

第23番

応頂山 勝尾寺

日本最初の荒神堂とされる厄払い荒神堂。古来、数多くの霊験が語られてきた

大阪府箕面市勝尾寺
072-721-7010
8～17時（土曜は～17時30分、日曜・祝日は～18時）
400円

忽然と姿を消した妙観は、観音の化身と信じられ、また全国の観音縁日が毎月18日と定められているのは、実はこの伝承に由来している。

境内にはこのほか、日本三大荒神の一つとされる三宝荒神堂、源頼朝が再建した現存する寺内最古の建物の薬師堂（改修工事中）などがある。また境内最奥に立つ二階堂は、法然上人ゆかりの堂。法然はここでの約4年間に及ぶ念仏三昧の中で、浄土宗開宗の構想を固めたとされる。堂の前からは、大阪平野の大パノラマも楽しめる。

まばゆいほどの極彩色の模様で飾られた本堂。平成19年の修復時に往時の姿を蘇らせた

山門から続く参道は石畳が美しい。左右には四季折々の花が咲き誇り、塔頭寺院が並んでいる

エキゾチックな本尊を祀る子授け・安産祈願の霊場

聖徳太子が建立した日本最初の観音霊場といわれる。古くから子授け・安産祈願の霊場として信仰を集め、豊臣秀吉は祈願して秀頼を授かったとか。また幕末には中山一位局《いちいのつぼね》が安産の腹帯「鐘の緒」を授かって、明治天皇を平産したことから、「安産のお寺」の名

第24番

紫雲山《しうんざん》 中山寺《なかやまでら》

宗派 ⁘ 真言宗中山寺派大本山
本尊 ⁘ 十一面観世音菩薩

徳川家光が再建した山門を守る仁王像

声がいっそう高まった。

阪急宝塚線の中山観音駅から山門までの短い参道には「お礼参り用さらしあります」の看板が目立つ。寺で安産を祈願して無事に出産すると、お礼参りの際にさらしを奉納する慣わしがあり、ベビーカーに赤ちゃんを乗せた夫婦らが買い求めていく。

徳川家光による再建という豪壮な山門をくぐると、石畳の参道が続く。突き当たりは階段になっているが、右側にエスカレーターやエレベーターを設置。妊婦や高齢者、またベビーカーや車椅子であっても、本堂まで楽に行けるバリアフリーのお寺である。

本堂は慶長8年（1603）、豊臣秀頼による再建。柱や壁は極彩色の模様が施され、堂内も絢爛豪華。これは平成19年の修復でかつての姿を蘇らせたことによる。毎月18日に開帳される本尊の十一面観世音菩薩像は、平安時代の作で重要文化財。インドの王妃シュリーマーラー（勝鬘《しょうまん》夫人）の等身像

野をもすぎ
里をもゆきて
中山の
寺へ参るは
後の世のため

本尊の十一面観世音菩薩像。腰のひねりと太めの眉が印象に残る。聖徳太子が女人救済を目的に開いた中山寺を象徴する美しい観音像である（写真提供／中山寺）

とも伝えられ、異国的な雰囲気。しなやかな左手と腰の曲線が美しく、腹部が少し丸いことが安産信仰に結び付いたとの見方もある。

本堂の右側には聖徳太子を祀る開山堂が立つ。ここで寺の縁起に触れておきたい。太子は蘇我馬子《そがのうまこ》とともに崇仏戦争で物部守屋《もののべのもりや》を討伐した際、四天王寺の建立を誓った。その用地を探していたところ、仲哀《ちゅうあい》天皇の妃・大仲姫《おおなかひめ》が太子の夢枕に立ち、「紫雲の立つ峰に寺を築けば、守屋の霊魂を取り除き、志を果たしてやろう」と告げた。そこで太子は紫の雲がたなびく当地に登り、伽藍を建立した。四天王寺創建の4年前のこととされる。

中山寺は西国巡礼再興の舞台となった寺としても知られている。伝説によれば、長谷寺の徳道《とくどう》上人が観音霊場巡礼の普及を図るも叶わず、閻魔大王に授かった三十三所の宝印を中山寺に埋納した。それから約270年後、花山《かざん》法皇が宝印を掘り出し、西国巡礼を再興したと伝えられる。

当寺の境内には、「石の唐櫃《かろと》」とよばれる中山寺古墳があり、大仲姫の墓とも、徳道上人が宝印を納めたところ

安産のお寺らしく、妊婦に配慮して境内にはエスカレーターが設置されている

五百羅漢堂には羅漢像がずらりと並んで圧巻。釈迦の弟子である羅漢は、それぞれに表情が異なり、見ていると楽しい

「石の唐櫃」とよばれる中山寺古墳。横穴式石室内には石棺も残されている

ともいわれる。ほかにも平成19年に約400年ぶりに再建された大塔「大願塔」、700体以上の羅漢像を安置する荘厳な雰囲気の五百羅漢堂など、広い境内には多くのみどころがある。

また中山寺では8月9日、西国三十三所のすべての観音さまが、星が降るように集まってくるといわれ、「星下り大会式」が行われる。この日に参詣すれば、三十三所すべてにお参りしたのと同じ、また4万6000日参拝したのと同じ功徳が得られるといい、多数の参拝客が詰めかける。

- 兵庫県宝塚市中山寺2-11-1
- 0797-87-0024
- 9～17時
- 境内自由

御嶽山上の緑に調和した大講堂の大屋根。この大講堂など大正時代に落慶した5棟は国の登録文化財となっている

第25番

御嶽山《みたけさん》

播州清水寺《ばんしゅうきよみずでら》

宗派 ❖ 天台宗
本尊 ❖ 十一面千手観世音菩薩

「御嶽山」の扁額を掲げる仁王門

数々の伝説に彩られた御嶽山上の別天地

旧摂津・播磨・丹波の3国の境に聳える御嶽山（標高５５２ｍ）の山頂付近にある。かつては約２㎞の参道を歩いて登るしかなかったが、昭和50年に登山道路が開通し、車で参拝できるようになった。寺の長い歴史からいえば、まだ最近のことだ。

縁起によれば、約１８００年前、インドから渡来した法道《ほうどう》仙人が御嶽山に止住し、鎮護国家・豊作を祈願したのを始まりとする。水を引けない山上では飲み水にも事欠くが、仙人が水神に祈願するとたちまち霊水が湧き出たといい、寺名はこの霊験に由来する。なお「播州清水寺」は京都の清水寺と区別するための通名で、正式には単に清水寺。地元では昔から「きよみずさん」と親しまれている。

推古天皇35年（６２７）には、勅願で根本中堂《こんぽんちゅうどう》が建てられ、法道仙人が刻

んだ十一面観音像を本尊に安置。さらに神亀2年（725）、聖武天皇の勅願で行基が大講堂を建立し、千手観音像を祀ったという。のちに花山《かざん》法皇がこの堂に詣で、西国観音霊場の25番札所となった。一方『今昔物語集』には、清水寺は地蔵霊場として栄えたとの記

ゴールデンウィークごろに見ごろを迎えるクリンソウ(九輪草)。ピンク色の小さな花が愛らしい。同時期にはシャクナゲも咲く

大講堂の内陣に安置されている札所本尊の十一面千手観世音菩薩像。大正時代の火災後に古様式で造られたものだ

昭和55年に再建された仁王門。丹塗りは平成4年に施されたため、まだ色鮮やか

述がある。

当寺には多くの伝承や伝説があり、事実は判然としない部分もあるが、険しい山上で、長く守られてきたことこそが眼目だろう。信者や僧侶の尽力、信仰の篤さを思わずにいられない。寺は兵火や雷火など何度も災害に遭いながら、そのつど復興を遂げてきた。大正2年（1913）には山火事により全山焼失という危機に陥ったが、早くも4年後には、西国札所である現在の大講堂や根本中堂（本堂）、本坊、客殿、鐘楼と中心伽藍の再建を果たした。

それから100年を経た諸堂はすでに古色を帯びて、山上の緑に調和、風格ある佇まいを見せている。大講堂は約20m四方の堂々たる大建築。大正の火災後に、古様で造られた札所本尊の十一面千手観世音菩薩坐像が巡礼者を迎える。また本尊の脇侍の一つには、通例の組み合わせと異なり、地蔵菩薩像を安置。今昔物語の伝説を思い起こさせる。大講堂から石段を上ると、根

あはれみや　普《あまね》き門《かど》の　品々《しなじな》に　なにをかなみの　ここに清水

西国第25番札所である大講堂の外廊下。天気がよく空気が澄んでいる日などには、明石海峡大橋や淡路島が遠望できるという

本中堂が立つ。法道仙人が刻んだという秘仏の本尊・十一面観音像は大正の火災時、自ら避難されたと伝わり、今も厨子内に大切に祀られている。

根本中堂の裏手には、寺名の由来となった霊水「滾浄水《こんじょうすい》」が湧いており、水面に顔を映せば、寿命が3年延びるとか。また薬師堂のユニークな十二神将像も見逃せない。奈良県のマスコットキャラクター「せんとくん」の作者として知られる、東京藝術大学教授の籔内佐斗司氏が、各神将に対応する干支の姿で造ったものだ。

境内には桜やシャクナゲ、アジサイ、酔芙蓉などが折々に咲く。秋は鮮やかな紅葉に包まれて、ライトアップも行われる。こうした花木の美しさもさることながら、境内全体に手入れが行き届き、諸堂は凛と立っている。清水寺は心安らぐ山上の別天地である。

ユニークな薬師堂の十二神将像。堂内の上方の壁に、上半身が飛び出すような形でぐるりと配置されている

播州清水寺の本堂である根本中堂

兵庫県加東市平木1194
0795-45-0025
8～17時
500円

深い緑に包まれた本堂には、巡礼者の読経の声だけが響く

本堂を目指して急な石段を上っていく

第26番

法華山《ほっけさん》 一乗寺《いちじょうじ》

宗派 ✤ 天台宗
本尊 ✤ 聖観世音菩薩

国宝の三重塔が迎える伝説に彩られた古寺

播磨地方には、標高200〜300m級の独立した低山が数多くある。遠くから見ると、三角錐の突起物がニョキニョキと生えているかのようだ。時は大化の改新のころ、この上空を、天竺《てんじく》（インド）から紫雲に乗って飛来した法道《ほうどう》仙人が通りかかった。仙人は「谷は蓮華の如く、峰は八葉に分かれた」この山を、法華経の霊山とみなし降り立った。法華山という山名は、仙人によりこの時付けられたという。

法道仙人は、天竺から観世音菩薩像と仏舎利と鉄鉢のみを持参した。この鉄鉢を自由自在に飛ばし、米などの布施を受ける「飛鉢《ひはつ》の術」を駆使する仙人の評判は、時の孝徳天皇の耳にも入る。大化5年（649）、病にかかった天皇は、仙人を宮中に呼んだ。加持祈祷で病を見事に治した仙人を慕い、天皇は法華山に金堂を建立し「一乗寺」

の勅額を与えた。白雉《はくち》元年（650）のことと伝わる。永延2年（988）には花山法皇が行幸し、この金堂を観音堂、すなわち「大悲閣」と命名。西国札所と定められ、以後今日に続く巡礼霊場となっていった。

緑に包まれた山の斜面に展開する境

本堂回廊から国宝三重塔を眼下に望む。山の斜面の高低差を利用した伽藍配置ならではの、贅沢な眺めだ

本堂外陣の天井には、おびただしい数の木札（納札）が打ち付けられている。そのほとんどが江戸時代のものだという

春は花
夏は橘
秋は菊
いつも妙《たえ》なる
法《のり》の華《はな》山《やま》

内には、162段の石段が一直線に延びている。まるで空へと向かうような石段の途中に立つのが、承安元年（1171）建立の国宝・三重塔。安定感のある優美な姿で、幾多の巡礼者を迎えてきた三重塔は、寺のシンボルとして親しまれている。さらに石段を登ると、豪壮な舞台造（懸造《かげづくり》）の本堂に辿り着く。現在の本堂は、孝徳天皇が法道仙人のために建てた金堂から数えて4代目。寛永5年（1628）、姫路藩主・本多忠政による再建で、重文に指定されている。

　西国札所である堂内には本尊・聖観世音菩薩が祀られているが、秘仏のため非公開。この観音像は、法道仙人が天竺から持参した、まさにその像では、ともいわれている。本堂回廊からは、先ほど仰ぎ見た三重塔が眼下に。どちらのアングルから眺めても、名塔ならではの気品と歴史が感じられる。

　本堂背後には、鎌倉〜室町時代の神社建築様式を伝える鎮守三社が立ち並び、いずれも重文。ここからさらに奥へ行くと、法道仙人を祀る開山堂のある奥の院。だが、平成23年の豪雨による土砂災害のため、残念ながら現在も立ち入り禁止。復興が待たれる。

　一乗寺の寺宝は伽藍のみではない。伝教大師最澄の肖像として最も有名な

境内のいたるところに苔むした石仏が祀られている。時代を経て祈りは永遠に続く

左手に三重塔を、右手の崖上に本堂を仰ぎ見る、壮大な伽藍配置。秋には周囲の木々が一斉に色付く

本堂外陣に安置された撫で仏の「びんずるさん」。一体どれほどの人がこの御身を撫でて祈っただろう

「伝教大師像」を含む国宝「聖徳太子及び天台高僧像」(全10幅。奈良国立博物館などに寄託)は、この寺が長年守ってきた、まさに日本の宝だ。

ほかにも白鳳仏の傑作と称される重文のお前立本尊・聖観世音菩薩像、法道仙人木像など、貴重な文化財の数々を所蔵。宝物館でその一部を拝観することができる。ただし拝観は2週間前までに往復はがきかFAXで予約が必要。4月4日と11月5日は定例拝観日にて開館するので、日程を合わせてお参りするのもいい。

兵庫県加西市坂本町821-17
0790-48-2006(本坊)
0790-48-4000(納経所)
8～17時(納経は8時30分～)
500円(宝物館は別途500円。要予約)

崖の上に張り出した豪壮な舞台造（懸造）の摩尼殿。現在の建物は、昭和8年に再建されたもの

壮大な山上伽藍を構える〝西の比叡山〟

康保3年（966）、56歳の性空《しょうくう》上人は、不思議な雲に導かれ、この播磨の書写山に入った。小さな庵を結び修行をするうち、〝書写の聖〟と、その名は都にまで広がっていった。98歳まで生きたという上人は、生涯、多くの人々の崇敬を集めたが、なかでも花山法皇は別格。寛和2年（986）、政

書写山ロープウェイのゴンドラからは、四季折々に美しい播磨の雄大な景色が楽しめる

第27番

書寫山《しょしゃざん》

圓《えん》教《ぎょう》寺《じ》

宗派 ⁘ 天台宗
本尊 ⁘ 六臂如意輪観世音菩薩

散華の形をした色紙に写経する「花びら写経」

争の犠牲となり退位すると同時に出家した、傷心の若き19歳の花山法皇は、性空上人の教えを乞うため書写山へ初めて行幸。「圓教寺」の寺号を賜り、寺は法皇の勅願寺として、以後大いに栄えることとなる。

　圓教寺は、姫路市街から北へ6kmほど、播磨平野から遠く播磨灘まで見渡す書写山の山上にある。書写山は標高371mの低山ながら、昔は札所の中でも難所とされ、険しい山道の参道を人は皆祈りながら一心に上り下りした。今はロープウェイがわずか4分で麓と山上をつなぐ。ロープウェイ山上駅を降りると、すぐに志納所。そこから右へと続く坂道は「西国巡礼の道」と名付けられ、西国三十三所の本尊を模した33の像が道の両脇に点々と並び、参拝者を仁王門まで導いている。

　寺の正門である仁王門を潜ると、そこからは聖域。誇張ではなく空気が一変する。天禄元年（970）、性空上人は崖の上に生える桜の霊木に如意輪

はるばると
のぼれば書寫《しょしゃ》の
山おろし
松のひびきも
御法《みのり》なるらん

「西国巡礼の道」と名付けられた参道に立つ、観音さまの小像。眼下には播磨平野と播磨灘の眺望が広がる

観音を刻み、それを本尊として周りを建物で囲った。これが、西国札所の観音堂である、現在の摩尼殿《まにでん》の起こり。崖の上に立つ舞台造（懸造）となったのは、そういう由来だ。ろうそくの灯が揺れる厳かな堂内で納経を終えたら、崖の上に張り出した舞台上へ出て、眼下に広がる景色をしばし楽しもう。本尊の六臂如意輪観世音菩薩は秘仏のため、開扉は毎年1月18日のみ。

摩尼殿から奥へと、樹齢700年を超える老杉が林立する山あいの参道が続く。5分ほど行くと、突然、空が開け、白砂の大広場を囲むように、3つの大建築がコの字型に立ち並んでいる。右手には圓教寺総本堂である花山法皇ゆかりの大講堂、中央には長大な2階建ての食堂《じきどう》、左手には常行堂。3堂あわせて三之堂《みつのどう》とよばれ、性空上人を慕う幾多の僧が、ここで厳しい修行に励んだ。その修行道場としての壮大なスケールは、〝西の比叡山〟と称されるにふさわしい。ハリウッド映画『ラストサムライ』の監督が、この光景を一目見て衝撃を受け、ロケ地に選んだというのもうなずける。

奉納された「花山法皇書写山行幸図」の額。性空上人を訪ねて2度目の行幸を果たした花山法皇一行の様子が描かれている

大講堂(写真中央)と食堂(左手前)、常行堂(右手前)がコの字型に並ぶ三之堂。いずれも国指定重要文化財となっている

(上)開山堂の軒下には左甚五郎作と伝えられる力士の彫刻が　(下)性空上人を祀る開山堂

食堂の2階は宝物館となっており、僧形文殊菩薩像など貴重な寺宝を拝観できる。同寺で若かりしころに修行したと伝わる武蔵坊弁慶の机なども展示されていて興味深い。

三之堂からさらに進むと、森閑とした一角があり、そこが境内最奥の奥之院。性空上人を祀る開山堂がひっそりと佇む。堂内の厨子に祀られる等身大の性空上人坐像には、瑠璃壺に入った上人の真骨が納められているという。

兵庫県姫路市書写2968
079-266-3327
8時30分～17時(季節により異なる)
500円

開基1300年を迎えて平成に復元された木造の五重塔

第28番

成相山《なりあいさん》

成相寺《なりあいじ》

宗派∴橋立真言宗
本尊∴聖観世音菩薩

天橋立を懐に抱き 伝説に彩られた観音霊場

西国三十三所中、最北端に位置し、日本三景の一つ天橋立を眼下に見下ろす鼓ヶ岳の中腹に立つ。古来、山岳宗教の修験道の霊地として信仰を集めてきたこの寺は、慶雲元年（704）、文武天皇の勅願所として真応上人が創建したと伝わる。

成相寺山門前バス停で下車し、仁王像を安置する朱塗りの山門へ。「成相寺」の扁額が掲げられ、獅子や龍の彫刻が施されている。山門をくぐって参道を上り約5分、本堂への100段ある石段に足を進めると、すぐ右手に鐘楼がある。この鐘楼には、梵鐘鋳造の寄進を断った女の悲話伝承が残る。

慶長14年（1609）、梵鐘を新たに鋳造する際、その女が見物していて、銅湯のルツボの中に誤って乳飲み子の我が子を落としてしまう。完成した鐘を撞くと、音色にまじって赤子の泣く声がし、みな哀れんで鐘を撞くことをやめてしまったという。以来、「撞かずの鐘」とよばれている。石段を進むと左手に、唯一願をひとことし願えば叶えてくれる一願一言地蔵が立つ。

時代を感じさせる多くの千社札には
この山門を通って参拝した人々
の信仰心が伺える。山門から本堂
へは300mほど上っていく

波の音
松のひびきも
成相の
風ふきわたす
天の橋立

4月下旬～5月上旬、約1500株のシャクナゲが境内を彩る。奥に見えるのは梵鐘「撞かずの鐘」

石段を上り切れば、入母屋造の豪壮な本堂に至る。本尊の聖観世音菩薩は33年に一度開帳され、「身代わり観音」とも「美人観音」ともよばれて信仰を集める。その本尊と寺名の由来について『今昔物語集』に次の話が残る。

ひとりの僧が雪深い草庵で修行中、里人の往来は途絶え、食糧も尽き、餓死寸前となった。僧が「今日一日を生きる食物をお恵み下さい」と本尊に祈ると、堂の外に傷ついた猪（鹿）が倒れていた。僧は肉食の禁戒を破って猪の腿をそぎ、鍋にして飢えをしのいだ。やがて雪が消え、寺に来た里人が、本尊の腿が切り取られ、鍋の中に木屑が散っているのを見つけた。僧は観音さまが身代わりになって救ってくれたと悟り、木屑を拾って腿につけると成り合わさって、観音は元通りの姿になった。これよりこの寺は成合（相）寺と呼ばれるようになったという。

本堂内陣の右上には、江戸時代の名工・左甚五郎の作と伝わる木彫りの「真向《まむき》の龍」が掲げられている。雨乞い祈願の彫刻を依頼された甚五郎は、見たこともない龍の姿に思い悩んでいたが、夢で見た滝壺へ行って3日間祈ると、滝壺から龍が現れて空へと昇り雲間へ消えていった。その姿を見てこの作品が生まれたといわれる。

また、境内にある鉄湯船は鎌倉時代の作で重要文化財。元はこの寺の湯屋で僧の施浴に用いられていたが、今は手水鉢として使用されている。龍の飾りが付いた注ぎ口から流れる水は「観

一願一言地蔵は1360年ごろに造られたといわれ、安楽ポックリの往生も叶うと伝わる

江戸時代中期に再建された風格のある本堂。すぐにお参りできるようにとの配慮から土足参拝できる

（左上）正面を向いた構図が珍しい「真向の龍」（左下）東大寺、智恩寺と並び日本三大鉄湯船の一つ

第28番

成相山 成相寺

音水」とよばれる成相山の湧水で、丹後の名水の一つである。

再び石段を下り終えて参道を右に進み、朱が映える五重塔へ。平成17年に鎌倉時代の様式で復元され、高さは約33mある。弁天山展望台へは塔の西側の散策道を行く。源頼朝以来、多くの将軍が眺めた天橋立を眼下に、よく晴れた日は遠く白山連峰まで見渡せ、絶景を望むことができる。

京都府宮津市成相寺339
0772-27-0018
8時～16時30分
500円

第29番

青葉山《あおばさん》 松尾寺《まつのおでら》

宗派 ❖ 真言宗醍醐派
本尊 ❖ 馬頭観世音菩薩

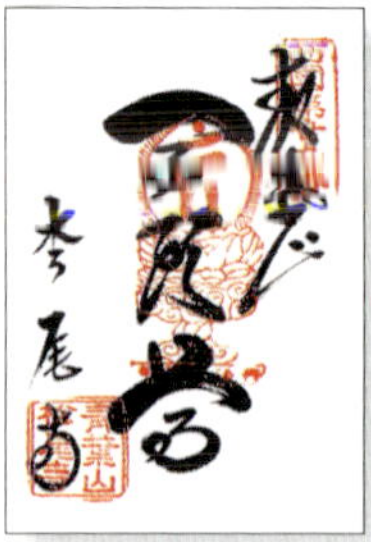

お釈迦さまの誕生を祝う5月8日の花祭り

青葉山中腹に立つ古寺 本尊は西国唯一の馬頭観音

京都府と福井県の境に聳える青葉山の中腹に立つ。青葉山は東峰（693m）と西峰（692m）からなる。福井県側から眺めると、2峰は重なって秀麗な姿に見えることから「若狭富士」とよばれている。一方、京都府側から見る山容は峻険で、古来、この山は修験道の行場だった。

寺伝によれば、松尾寺の創建は約1300年前。唐の僧・威光《いこう》上人が母国の霊峰・馬耳山《ばじ》に似た青葉山に登り、その松の大樹の下で馬頭観音を感得、その姿を刻んで草庵に安置した。和銅元年（708）のことと伝わる。のちにこの奇瑞を聞いた元明天皇が本堂を建立、松尾寺と名付けられたという。養老年間（717～724）には、加賀国の白山《はくさん》を開いた泰澄《たいちょう》が来山し、山頂に妙理大権現を祀った。

平安時代には鳥羽天皇と后の美福門《びふくもん》

石段上に立つ仁王門。門をくぐりさらに少し石段を上ると本堂があり、納経所は仁王門の左手に設けられている

青葉山中腹の緑に包まれて本堂が立つ。本堂の右手奥には青葉山への登山道の入口がある

院《いん》が行幸、寺坊65を数えるほど栄えたが、戦国末期、織田信長の兵火にかかり堂塔伽藍を焼失した。その後、歴代の丹後田辺（舞鶴）城主により現在の寺観が整えられた。

松尾寺へは最寄りのJR小浜線の松尾寺駅から約3㎞の道程。路線バスな

そのかみは
幾世《いくよ》経《へ》ぬらん
便りをば
千歳もここに
松の尾の寺

本尊の馬頭観世音菩薩像のお前立ち。馬頭観音としては典型的な三面三目八臂の像で、頭上に馬の頭を載せている

どは通っておらず、車でなければ、標高約230mの寺まで、古の巡礼同様に歩いて登ることになる。もっとも、坂はそれほどきつくはなく、駅から1時間弱で仁王門下の石段に着く。

110段の石段を上り、仁王門をくぐると、右手に平成20年に完成した宝物殿が立つ。ここには往時の繁栄をうかがわせる、そうそうたる寺宝が納められている。なかでも美福門院の念持仏と伝わる平安後期の仏画「普賢延命菩薩像」は、丹後地方で唯一の国宝。また鎌倉期の天才仏師・快慶の作である阿弥陀如来坐像など4件は重要文化財だ。ただし、宝物殿は春と秋の各2カ月程度の開館。また展示内容は展期によって若干変わる。

宝物殿から石段を少し上ると、二重屋根の宝形造の本堂が、緑に囲まれて立っている。本堂前の灯明堂も同じ宝形造であり、正面から見ると2つの屋根の線が重なって美しい。

本尊は西国三十三所で唯一の馬頭観世音菩薩像。10世紀末、観音の加護で海難を逃れた漁師の春日為光が造り、開山の威光上人作の観音を胎内に納めたものと伝わる。秘仏だが、厨子前のお前立ちを拝せる。3つの顔、8つの手をもつ三面八臂《はっぴ》の像で、頭上に馬の頭を載せている。観音の中で唯一の憤怒相をしているのも、馬頭観音の大きな特徴。激しい怒りで諸悪を下し、馬

5月8日の花祭りの際に奉納される仏舞(国重要無形民俗文化財)。仏面を着けた舞人が雅楽に合わせて舞う

(左上)本堂の天女などの彫刻　(左下)二重屋根の宝形造の本堂。その前に灯明堂が立つ

第29番

青葉山　松尾寺

が草を食べるように煩悩を断つとされる。昔から農耕や交通などの守護仏として信仰され、現在では競馬の関係者やファンも参拝に訪れるという。

本堂右手には大師堂、左には一切経を納める経蔵と位牌堂が立つ。本堂の対面、鐘楼の脇に聳える大イチョウは舞鶴市指定の天然記念物。元永2年(1119)、鳥羽天皇のお手植えと伝えられる。山寺の長い歴史を知る、シンボル的存在といえるだろうか。

京都府舞鶴市松尾532
0773-62-2900
8～17時
境内自由(宝物殿800円)

本尊の大弁才天像を祀る本堂(弁才天堂)は寺内最大の建物

第30番

竹生島《ちくぶしま》

宝厳寺《ほうごんじ》

宗派 ∵ 真言宗豊山派
本尊 ∵ 大弁才天・千手千眼観世音菩薩

神秘の島、竹生島にある観音と弁才天の聖地

琵琶湖の北部に浮かぶ竹生島にある古刹。昔は手漕ぎの小船で渡ったが、現在は湖西の今津港、湖北の長浜港、湖東の彦根港とクルーズ船で結ばれ、25〜40分で到着する。

「(神を)斎《いつ》く島」が語源といわれるように、竹生島は古来、神の島として崇められてきた。周囲約2㎞で、最高標高は約200m。断崖に囲まれ、島の南側に辛うじて船着場が設けられている。島内には宝厳寺と、明治以前は寺と一体で神仏習合の霊場を形成していた都久夫須麻《つくぶすま》神社があるだけで、民家は1軒もない。神と仏のみがすむ、まさに聖域なのである。

縁起によれば、創建は神亀元年(724)。聖武《しょうむ》天皇の夢に天照大神が立ち「江州《ごうしゅう》の湖中に小島あり。この弁才天の聖地に堂塔を建立すれば、国家安泰となる」と告げた。天皇は高僧の行《ぎょう》基《き》を島へ遣わし、弁才天を祀る堂を建てさせた。翌年には観音堂を建立し、千手観音像を安置したという。以来、天皇がしばしば行幸し、最澄や空海らも来島したと伝わる。中世には室町幕

西国30番札所である観音堂の秘仏本尊・千手千眼観世音菩薩像のお前立ち。なお懸造の観音堂は重要文化財に指定されている

琵琶湖に浮かぶ竹生島は、「深緑 竹生島の陰影」として琵琶湖八景の一つに数えられている

唐門（国宝）は桃山建築を代表する建物。扉は牡丹唐草の精緻な彫刻で飾られている

府や戦国武将の祈祷所として保護され、織田信長や豊臣秀吉も参詣した。

　縁起のように、宝厳寺は大弁才天を寺の本尊として、また千手観音像を札所本尊として祀っている。この寺は観音霊場であるとともに、弁才天の霊場として、昔から信仰されてきた。七福神のひとり弁才天は、音楽や諸芸、福徳財宝の神である。

　さて島に着いて、みやげ物店の前を通り、１６７段の急な石段を上ると、入母屋造、檜皮葺きの優美な本堂が立つ。内陣奥の厨子に祀られるのが、本尊の大弁才天像。日本三弁才天の一つで、またそのうち最も古いとされる。秘仏だが、外陣にも信者が奉納した弁才天像を安置する。本尊は明治の神仏分離まで、現在の都久夫須麻神社の本殿に祀られていた。その後は仮安置の状態が続いたが、昭和17年に現本堂が建てられ、安住の地を得た。

　本堂から石段を下って行けば、唐門《からもん》（国宝）、西国札所の観音堂（重文）がある。いずれも豊臣秀吉ゆかりの絢爛豪華な桃山建築で、慶長8年（１６０３）、秀吉の子・秀頼が当地に移築させた。唐門は、京都東山の秀吉の廟所「豊国廟《ほうこくびょう》」から移したものだが、もともとは秀吉が築いた大坂城の「極楽橋」だと近年考えられるようになった。だとすれば、秀吉築城の大坂城の唯一の遺構となり、注目されている。

　観音堂は伏見城からの移築という。本尊の千手観音像は60年毎に開帳される秘仏で、通常なら次回の開帳は２０

寺の本尊は福徳財宝の神である大弁才天（写真は本堂外陣に安置されている像）

堂塔は島の南側の斜面に点在。船着場から急な石段を上って行くと本堂がある

月も日も
波間に浮かぶ
竹生島
船に宝を
積むここちして

25年となる。観音堂から都久夫須麻神社へ続く渡り廊下「舟廊下」も重文。秀吉の御座船の船櫓を利用したものと伝わり、この名がある。また都久夫須麻神社の本殿も伏見城から移築した桃山建築で国宝に指定されている。なお、唐門、観音堂、舟廊下は平成30年まで保存修理中。このほか境内には宝物殿もあり、空海ゆかりの寺宝などを拝観することができる。

- 滋賀県長浜市早崎町1664
- 0749-63-4410
- 9時30分～16時30分
- 拝観無料（要入島料400円）、宝物館300円

「長生きの観音さん」の寺は伽藍美と琵琶湖の眺望も見事

健康長寿のご利益で「長生きの観音さん」と親しまれる本尊を祀る長命寺は、琵琶湖東岸の長命寺山（標高333m）の中腹に立つ。

琵琶湖畔から続く石段を上って山門をくぐり、さらにもう少し上って行くと、ようやく本堂（写真奥）にたどり着く

第31番

姨綺耶山《いきやさん》
長命寺《ちょうめいじ》

宗派 ❖ 単立（天台系）
本尊 ❖ 千手十一面聖観世音菩薩

木立の中に続く参道の石段

手前から護法権現社拝殿、三仏堂、本堂。檜皮葺きの屋根の重なりが軽快なリズムを刻み、奥の三重塔が景観を引き締めている

昔は30番の竹生島宝厳寺より湖上を船で向かったが、現在航路はなく、近江八幡駅から路線バスを利用する。湖畔の長命寺バス停で下車すると、８０８段という石段の参道が木立の中に続いている。本堂までは6丁約７００ｍ、所要20～25分程度。車の場合は山腹を縫う舗装道を上り、駐車場から１００段だけを歩けば済む。ただ石段下に駐車して、健康長寿を願いながら全段を上る人も少なくない。

寺伝によれば、寺の始まりは第12代景行《けいこう》天皇の時代に遡る。『古事記』『日本書紀』にもしばしば登場する武内宿《たけのうちのすく》禰《ね》が、当山の柳の巨木に「寿命長遠諸願成就」と刻んで祈願したところ、３００歳以上も長生きし、歴代の天皇に仕えて活躍したという。のちの推古天皇27年（６１９）、聖徳太子が来山し、宿禰が祈願した柳で、千手・十一面・聖観音の三尊一体の像を刻んで、伽藍を建立。宿禰の長寿霊験により、長命寺と名付けたと伝わる。

八十年《やらとせ》や柳に長き命寺《いのちでら》運ぶ歩みのかざしなるらん

慶長2年（1597）に再建された三重塔（重文）。平成25～26年に保存修理され、柿葺き、総丹塗りの美しい姿が蘇った

護法権現社の背後にある「修多羅岩（すたらいわ）」。修多羅は子孫繁栄などを示す言葉で、武内宿禰の御神体として信仰される

中世には近江国守護、佐々木氏の庇護を受けて栄えたが、永正13年（1516）、佐々木氏と伊庭氏の戦いに巻き込まれて、伽藍を焼失。現在の伽藍はその後、17世紀初頭にかけて再建されたもので、本堂、三重塔、護摩堂、鐘楼は重要文化財に指定されている。また伽藍のほとんどは、瓦葺きではなく、優雅さを感じさせる檜皮葺き。それが東西に広がる境内に並んで立っている。周囲の緑と調和した、落ち着いた伽藍美は、琵琶湖の眺望とともにこの寺の大きなみどころだ。

入母屋造、檜皮葺きの本堂は大永4年（1524）の再建。参道石段を上り切った所に立ち、入口は丘に回った西側にある。須弥壇は南向きに造られており、中央の厨子に、三尊で一体とする本尊の千手観音立像・十一面観音立像・聖観音立像を安置する。いずれも重文で、33年ごとに開扉される秘仏。普段はお前立ちの千手観音像を拝する。また本堂の裏には、武内宿禰が祈願したという巨岩が重なった「六処権《ろくしょごん》現影向石《げんようごうせき》」がある。

本堂の東側に聳える三重塔は、慶長2年（1597）の再建。平成25～26年の保存修理で、屋根の柿《こけら》葺きの葺き替え、外部の丹塗りや黄土の塗り替えなどが行われ、美しく蘇った。本堂の

境内の西端にある鎮守社の太郎坊社の前は、琵琶湖を一望できるビューポイント。対岸の比叡山・比良連峰も見渡せる

(左上)鐘楼(重文)は内部に入ることもできる　(左下)阿弥陀・薬師・釈迦の3如来像を祀る三仏堂

第31番

姨綺耶山　長命寺

西側には阿弥陀・薬師・釈迦の3如来像を安置する三仏堂、護法権現社拝殿が渡り廊下で結ばれて立つ。この拝殿奥の本殿には開山の武内宿禰が祀られている。

その西側の一段高い所には鐘楼があり、鐘楼の前は、境内のビューポイント。今たどってきた堂塔の屋根が重なり合った、優雅な伽藍美を見ることができる。さらに西へ歩いて行くと、鎮守社の太郎坊社がある。ここからは琵琶湖や比叡・比良の山並を見渡せるので、必ず足を延ばしたい。

滋賀県近江八幡市長命寺町157
0748-33-0031
8～17時
境内自由

穏やかな表情で参詣者を迎える本尊の千手千眼観世音菩薩像。インドから輸入した23tの白檀で造られた（写真／パーソナル企画）

第32番

繖山《きぬがさざん》 観音正寺《かんのんしょうじ》

宗派 ❖ 単立
本尊 ❖ 千手千眼観世音菩薩

手水舎の「観音水」は飲むこともできる

白檀が香る平成の大観音が古寺に新たな歴史を刻む

琵琶湖の東に聳える標高433mの繖山の山頂近くに位置する。境内からは『万葉集』の額田王《ぬかたのおおきみ》の歌で知られる蒲生野《がもうの》を一望でき、近江富士とよばれる三上山、琵琶湖も見える。景勝の寺へは今でこそ車で近くまで上れるが、昔は当然歩くしかない。なかでも南麓からの表参道は1200段もの石段が続く急坂。西国巡礼の屈指の難所といわれ、旅人を大いに悩ませた。

観音正寺は、聖徳太子が人魚の願いにより開いたと伝わる。推古天皇13年（605）、太子は近江国の草原で人魚に出会い、「私は前世に殺生を重ねたため、こんな姿になってしまいました。堂を建て、観音さまを祀ってくれれば、往生できます」と哀願された。そこで自ら千手観音像を刻んで、寺を興したという。その後、寺には長く「人魚のミイラ」が伝わっていた。

表参道の1200段の石段を3分の2ほど上った所に立つ石碑。この前には駐車場があり、ここまで車で来ることもできる

中世には修験の行場として知られ、また近江国の守護・佐々木六角《ろっかく》氏の庇護を受け、33塔頭が並ぶほど隆盛。しかし、応仁の乱で六角氏が繖山に観音寺城を築いたため、寺は山麓に移転、兵火にも巻き込まれた。永禄11年（1568）、六角氏が織田信長に滅ぼさ

あなとうと
導きたまえ
観音寺
遠き国より
はこぶ歩みを

境内からの眺め。万葉歌に詠まれた蒲生野を眼下に、近江富士とよばれる三上山(写真左上)も遠望できる

「濡佛」こと銅造釈迦如来坐像は昭和58年の造立。江戸時代からあったが第二次大戦で供出、平和を願って改めて制作した

れると、山上に復帰したが、かつての寺勢は取り戻せなかったようだ。

　平成5年、突然の災難に見舞われた。火災により、明治初期に彦根城の御殿を移築した本堂が全焼。重文の本尊・千手観音立像も「人魚のミイラ」も火中に消えてしまった。

　それからの寺の苦悩は想像に余りあるが、再建費用の浄財を集めるため全国を托鉢して回り、数々の困難を乗り越え、平成16年5月に本堂が落慶。本尊の千手千眼観世音菩薩坐像も同時に開眼し、見事に再興を果たした。新本堂は総檜の堂々たる建物で、入母屋造、銅板葺きの大屋根が湖国の空に優雅なカーブを描いている。

　本尊は光背も含めると高さ約6mにもなる巨像。芳香を放つ香木の白檀《びゃくだん》を23tも使って造られた。「観音は白檀で造るべき」という経典に従ったのだが、高価な白檀は小像に使われるのが普通で、入手するのも困難。産地のインドから取り寄せようにも輸出は禁じられている。そのため20数回もインドに渡って必要性を訴え、同国政府の特別許可を得て輸入できた。

　現代日本を代表する仏師・松本明慶氏が7年をかけて造立した平成の新観音は、ふっくらと柔和な顔立ち。体の横の大手に加え、円形に広がる光背にも小手がびっしりと刻まれており、こ

平成16年に再建された総檜造りの本堂。堂の横に積み上げられた石の上には、観音像や人魚像などが点々と安置されている

寺の入口を守る力強い仁王像。山門などはなく、露天に立っている

第32番

織山 観音正寺

の圧倒的な千の手で私たちをもれなく救ってくれる。通常は外陣から拝むが、内陣で間近にゆっくりと拝むこともできる。

境内には、開基の聖徳太子像、「濡佛《ぬれぶつ》」とよばれる銅造釈迦如来坐像、霊験あらたかという「縁結び地蔵」なども祀られている。また冒頭に記した表参道は、南麓の安土町石寺《あづちちょういしでら》集落から延びており、寺まで約50分の道程。苦労の後には、蒲生野ののびやかな景色と、穏やかな大観音に癒される。

滋賀県近江八幡市安土町石寺2
0748-46-2549
8～17時
500円（内陣参拝は別途300円）

結願札所の本堂。床下は「戒壇めぐり」になっている

第33番

谷汲山《たにぐみさん》 華《け》厳《ごん》寺《じ》

宗派 ⁘ 天台宗
本尊 ⁘ 十一面観世音菩薩

「谷汲さん」と親しまれる西国三十三所満願の寺

那智山青岸渡寺から始まった西国三十三所観音霊場巡礼の旅。いよいよ、ここ美濃国（岐阜県）にある「谷汲さん」にて、満願の時を迎える。深い緑に包まれた境内には、満願の寺ならではの満ち足りたムードが漂い、行き交う人の足取りは皆、弾むようだ。本堂へ続く石段を見上げると、両脇には「南無十一面観世音菩薩」の奉納のぼりが誇らしげにひるがえり、まるで花道を行くような高揚感が湧いてくる。

華厳寺の創建は延暦17年（798）。奥州会津の大口大領《おおぐちだいりょう》という観音信者がお告げを受け、高名な仏師に観音像を造らせるため京へ出向いた。完成した観音像を奥州へ運び帰る途中のこと、像は自ら草鞋を履いて歩き出し、ここ美濃の地で突然動かなくなった。大領は、ここが御縁のある地であろうと留まることを決め、山中で修行していた豊然《ぶねん》上人という聖とともに堂を建て、像を祀った。すると谷の岩穴から尽きることなく油が湧き出し、それを汲んでは末永く灯明に用いたという。

時代は下り、この霊験を伝え聞いた

本堂へと続く石段の参道。巡礼者を祝福するかのように、奉納のぼりがはためく

毎年2月18日の谷汲豊年祈願祭などで披露される郷土芸能・谷汲踊りは、岐阜県重要無形民俗文化財第1号

本堂向拝左右の柱に取り付けられた、青銅製の「精進落としの鯉」。これを撫でて精進の日々から俗界に戻る

醍醐天皇が、「谷汲山」という山号と「華厳寺」の扁額を下賜。天慶7年（944）には朱雀天皇の勅願寺となり、花山法皇の巡幸も受けて、寺は隆盛を極めた。

　華厳寺には御詠歌と御朱印が3つずつある。「世を照らす　仏のしるし　ありければ　まだともしびも　消えぬなりけり」。これが、秘仏本尊・十一面観世音菩薩を祀る本堂の御詠歌で、現在を表す。「万世の　願いをここに　納めおく　水は苔より　出る谷汲」。これは満願成就を報告する満願堂の御詠歌で過去を表す。そして、巡礼を終えた人々が巡礼用具を奉納する笈摺堂《おいずるどう》の御詠歌が「今までは　親と頼みし　笈摺を　脱ぎて納むる　美濃の谷汲」。これは未来を表すという。3つの御詠歌にちなむ3つの御朱印を同時に授かることにより、今、ここに晴れて、満願を迎えることとなる。

　納経所のある本堂を左手に進むと、笈摺や菅笠が山のように納められた笈

万世《よろずよ》の願いをここに納めおく水《いず》は苔より出る谷汲

満願成就を報告する、その名も満願堂。右に掲げた御詠歌は過去を表す満願堂のもの

3つの御詠歌のうち、未来を表す御詠歌のとおり、「笈摺を脱ぎて納むる」笈摺堂

険しい山道を40分ほど登った先にある奥の院

摺堂。満願成就の喜びを込めた色とりどりの折鶴が、笈摺堂を飾っている。さらに左手に行くと、山裾の石段の上に満願堂が立っている。奉納された幾つもの石燈籠には、ことごとく「満願」の文字が躍る。

巡礼の締めくくりに訪れたいのが、華厳寺奥の院。満願堂の右手にある参道入口から山の中へ入っていく。参道には麓から順番に、西国三十三所の観音像を祀る祠が丁石のように置かれていて、巡礼の日々をもう一度たどるかのようだ。第何番札所にお参りしたころは、ああだったな、こうだったなとさまざまなことを思い出しながら、観音さまに導かれて険しい山道を登っていく。ところどころぬかるんだ沢伝いの道や九十九折れの登りを行くと、最後の33番の祠とともに、奥の院が姿を現す。晴れ晴れとした気持ちで山を下り、最後に本堂の「精進落としの鯉」を撫で、西国巡礼の旅を終える。

岐阜県揖斐郡揖斐川町谷汲徳積23
0585-55-2033
8～17時(納経は～16時30分)
境内自由

※奥の院への参道には山ヒルが生息しているので足元には十分な注意が必要

西国番外札所

第1番札所から第33番札所まで、観音さまとの結縁を求めて巡る西国三十三所には、通し番号の付かない「番外」の札所がある。法起院、元慶寺、花山《かざん》院菩提寺という3つのお寺がそれだ。いずれも、西国観音巡礼の創始者といわれる徳道《とくどう》上人と、のちに復興した花山法皇に関わる重要なお寺で、これら番外札所もすべて巡礼するのが習わしとなっている。

番外札所が三十三所と決定的に異なるのは、本尊を観音さまとしないこと。その意味では「観音霊場」ではないのだが、観音巡礼の2人の祖に縁の深い3カ寺は、巡礼者にとっての聖地ともいえるだろう。

豊山《ぶざん》 法起院《ほうきいん》

宗派 ∴ 真言宗豊山派
本尊 ∴ 徳道上人

極楽は
よそにはあらじ
わが心
おなじ蓮《はちす》の
へだてやはある

第8番札所・長谷寺を開山した徳道上人が晩年を過ごした古寺。徳道上人は伝説に満ちた生涯を送った人で、仮死状態になった時、閻魔大王から「三十三所観音霊場を世に広めよ」とのお告げを受けて蘇ったり、80歳の時に松の木から「法起菩薩」と化して飛び去ったりしたという。この時、松の木に上がるために沓を脱いだところという「上人沓脱ぎ石」や、上人自らが彫ったと伝わる本尊・徳道上人坐像を祀る本堂、上人の御廟とされる十三重石塔など、境内のいたるところに上人の面影が漂っている。

奈良県桜井市初瀬776
0744-47-8032
8時30分～17時(12月1日～3月19日は9時～16時30分) ¥ 境内自由

華頂山《かちょうざん》
元慶寺《がんけいじ》

宗派 ❖ 天台宗
本尊 ❖ 薬師瑠璃光如来

待てといわば
いとも畏《かしこ》し
花山《はなやま》に
しばしと啼《な》かん
鳥の音《ね》もがな

寛和2年（986）、10歳の若き花山天皇が出家得度し、法皇となった寺。花山法皇は、ともに出家した側近らとここで2年を過ごした後、観音巡礼の旅へと出発したのだ。創建は貞観10年（868）、桓武天皇の孫である僧正遍昭《そうじょうへんじょう》により開かれた。遍昭は六歌仙および三十六歌仙のひとり。境内には『百人一首』でも知られる「あまつかぜ　雲の通ひ路　吹きとぢよ　をとめの姿　しばしとどめむ」の遍昭歌碑が立つ。本尊・薬師如来を祀る本堂には、遍昭自作と伝わる遍昭坐像、花山法皇宸影などを安置している。

京都市山科区北花山河原町13
075-581-0183
8～17時
境内自由

東光山《とうこうざん》
花山院菩提寺《かざんいんぼだいじ》

宗派 ❖ 真言宗花山院派
本尊 ❖ 薬師瑠璃光如来

有馬富士
ふもとの霧は
海に似て
波かときけば
小野の松風

花山法皇が隠棲し、41歳の生涯を閉じた寺として、西国札所の中でも別格の聖地とされる。寺は、第25番播州清水寺と第26番一乗寺の開山である法道《ほうどう》仙人により、白雉2年（651）に開かれたもので、花山法皇が巡礼の途中に深く心に留めた地であったという。巡礼を終えた法皇は再びこの地を訪れ、終の棲家と定めて仏道修行に励んだ。法皇崩御の後、その菩提を弔うため、花山院菩提寺と号するようになった。花山法皇坐像を祀る本堂や御廟所などが佇む境内からは、御詠歌にあるとおり、美しい有馬富士を一望できる。

兵庫県三田市尼寺352
079-566-0125
8～17時
境内自由

巡礼に行く前に

西国巡礼は札所の順番通りに辿れば約1000kmの道のり。昔は当然歩いて巡ったが、交通手段が発達した現代では巡礼の旅も気軽なものとなり、札所の中には観光名所も多い。ただし霊場はあくまで信仰の場。服装のマナー、参拝の作法などを知っておきたい。

西国巡礼の心得

1番から33番まである西国三十三所の観音霊場。この札所をまわることを西国巡礼という。

西国三十三所巡礼は、奈良時代に、長谷寺の徳道上人がその礎を築き、その後、平安時代に花山法皇が再興した、日本最古の巡礼だ。

当初は、僧侶や修験者の修行だった巡礼は、室町時代後期から一般庶民の間にも広がり、伊勢参りと合わせて出かけられるようになった。

昔の巡礼者は、小袖に袖なしを重ね着し、頭には菅笠をかぶり、足には脚絆をつけ、独特の節回しの御詠歌を口ずさみつつ、霊場から霊場へと徒歩で巡ってまわった。当然、道中の危険もいっぱいで、白装束はそのまま死装束に、金剛杖は墓標の代わりに使われたという。

現代では、交通網も発達し、伝統的な白装束で歩く人は少なくなった。また、西国霊場の中には、観光名所として知られる寺もあるので、物見遊山の行楽的な気持ちで出かける人も多いだろう。しかし、中には、〝救い〟や〝癒し〟を求めて、巡礼に訪れる人がいることを忘れてはいけない。

困った時、つらい時、観音菩薩はいろいろな姿となって昔から、人々を支えてきてくれた有難い仏さまだ。巡礼を始めるきっかけは人さまざま。だが、心を込めてお参りすることが一番大切だ。巡礼の旅は、心を磨く旅。まず、巡礼に出られる幸せに感謝し、観音菩薩に手を合わせよう。

参拝法に厳密なルールはなく、巡礼も、札所の番号の順番にとらわれることなく、どの寺から始めてもいい。まずは、行ってみたいと思う寺から巡礼をはじめてみよう。

お参りの服装と持ち物

伝統的な巡礼のスタイルは、白衣に笈摺を重ね、手甲・脚絆に菅笠をかぶり、地下足袋をはいて杖を持つというもの。白装束は清浄無垢な姿を表しているが、かつての巡礼の旅は、死を覚悟するほど大変なもので、死装束の代わりに身に付けたともいわれている。今では普通の服に笈摺と輪袈裟を重ねるだけの人や、菅笠だけ、という略式の姿の人も多い。

巡礼で一番大切なのは祈る気持ち。自分にあった服装で、清らかな気持ちでお参りにのぞみたい。

輪袈裟

わげさ

仏教に帰依する意味で、首から掛ける略式の袈裟。道中では荷物の中にしまっておき、参拝する際に身につける。食事やトイレ時は必ず外すこと。各札所の名入りのものや、色柄も豊富にある。

金剛杖

こんごうづえ

観世音菩薩の分身とされるので大切に。上部に卒塔婆状の窪みがあり、昔は巡礼中に亡くなった時、墓標代わりに使われた。鈴付きの持ち手カバーもある。

菅笠《すげがさ》

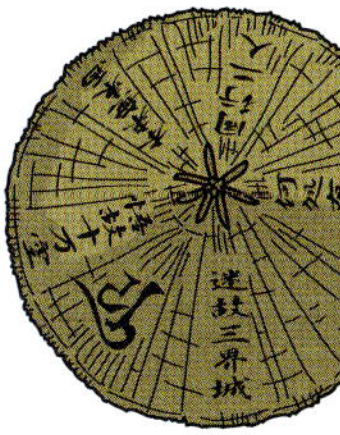

日除けや雨除けに役立つ菅笠は、古くから旅の必須アイテム。観音菩薩とともに巡る意の「同行二人（どうぎょうににん）」、「迷故三界城、悟故十方空、本来無東西、何処有南北（迷うが故に三界は城なり、悟るが故に十方は空なり、本来東西なし、いずくにか南北あらん）」の偈文が笠表に墨書きされている。菅笠は着けたまま堂内で参拝してよい。

納札《おさめふだ》

西国三十三所霊場の場合、納札の色は白が普通。住所、氏名、年齢、巡拝年月日、願い事を記入し、本堂または観音堂に納める。

頭陀袋《ずだぶくろ》

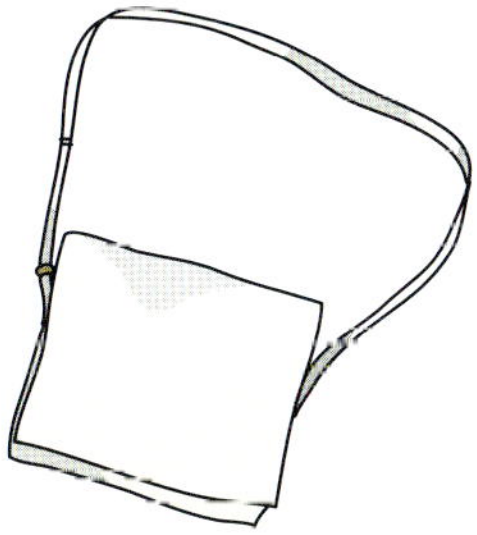

経本や納経帳、納札、線香やロウソク、ライターなど参拝に必要な小物を入れるためのバック。現代ではリュックサックを背負う人も多い。

納経帳《のうきょうちょう》（朱印帳《しゅいんちょう》）

各札所で観世音菩薩に読経し、お参りした証として、納経所で寺名や御本尊名などの墨書と御宝印（御朱印）をいただくもの。各寺の御詠歌入りのものもある。

経本《きょうほん》

開経偈、懺悔文、般若心経などが記された『西国三十三所勤行次第』が便利。経文はたとえ暗記していても、経本を持って唱えるのが正式。

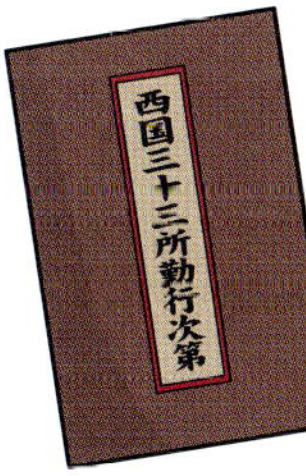

数珠《じゅず》

仏さまを礼拝する時に用いる法具。念珠ともいう。西国巡礼のためにあえて新調する必要はなく、家の宗派のものや略式でも充分。

笈摺《おいずる》

半纏状の上衣のこと。かつてはこの上に旅の小物や仏具を入れた笈を背負っていたので、この名がある。西国巡礼の場合背中に「南無阿弥陀仏」か「南無観世音菩薩」の文字があるものを。ここに御宝印をいただく人もおり、上に手軽に羽織れるため、よく見かける巡礼服。

参拝の作法

せっかく霊場巡りを目的に訪れるのなら、基本的な参拝の手順やマナーは知っておきたいもの。お参りできることへの幸せに感謝しつつ、心を込めてお参りしよう。

1

門前で合掌一礼してから境内に入る。

2

手水所で手と口を清める。必ず柄杓を使い、左手→右手の順に水をかけ、口も柄杓の水を手のひらに受けてすすぐ。

3

線香、ロウソクを献納し、納札箱に札を納める。線香は観音さまの徳を、ロウソクは知恵を授かれるものとされる。線香の火は寺の用意した種火か、自分のロウソクから。他人のロウソクからの「もらい火」は避ける。

【読経の手順】
（一例）

開経偈1回

▼

懺悔文1回

▼

般若心経1回

▼

延命十句観音経1回

▼

御本尊真言3回
または7回

▼

御詠歌1回

▼

回向文1回

時間がない場合も般若心経だけは唱えたい。読経のはじめと終わりには、数珠をすり合わせ（右手中指と左手人差し指に数珠をかけ、3回ほど）、数珠を右手にかけて合掌、三礼する。

4

賽銭を納めたら、数珠を左手にかけ、経本（「般若心経」や「十句観音経」など）を持って読経。御詠歌を詠唱する。この時次の参拝者の邪魔にならぬよう本堂正面を避け、左右に寄る。

5

納経所で納経帳や笈摺、納経軸などに御朱印をいただき、料金を納める。軸は満願後、掛り軸にする人も多い。できるだけ小銭の用意を。

6

帰りも同様に山門で合掌したまま一礼して去る。

観音像の種類を知る

※御真言は御本尊を讃えるサンスクリット語の呪文。お寺によって異なる場合があります。

悟りを求めて修行をしながら、人々を救済する観音菩薩は、出家する前の釈迦の姿で表されるので、宝冠や装身具を付け、優美で華麗な仏像が多い。

観音信仰は仏教伝来とほぼ同時に日本に入ったといわれる。初期の観音菩薩はシンプルな一面二臂《にひ》（ひとつの顔と2本の手）の聖観音だったが、信仰が盛んになるにつれ、さまざまな功徳をもたらす変化観音像が現れた。

西国三十三所の御本尊として祀られているのは、聖観音、十一面観音、千手観音、馬頭観音、准胝観音、如意輪観音、不空羂索観音の7種類。多くは秘仏で御開帳時以外は拝観できないが、お前立ちとして安置される仏像にその姿を拝見できる。

聖観世音菩薩像《しょうかんぜおんぼさつぞう》

御真言

おん　あろりきゃ　そわか

観音像の基本形。のちに生まれた変化観音と区別するため、聖(正)が冠せられた。左手に蕾の蓮華や水瓶などを持つことが多い。

観音像の持物

持物（じもつ）とは、仏像が手にしているもので、諸尊の持つ功徳や法力を表している。

千手観音では正面の合掌手以外、40の手に持物を携え、法具や武具の類から宝珠、蓮華や五色雲までさまざま。すべてが衆生を苦しみから救う重要なツールだ。

持物の意味を知れば、仏像をより身近に感じられるだろう。

蓮華《れんげ》

ハスの花は清い心を表す。千手観音は白、青、紫、紅の4種類の蓮華を持つ。

水瓶《すいびょう》

あらゆるけがれを浄めるという功徳水が入っている。聖観音、十一面観音に多い。

十一面観世音菩薩像《じゅういちめんかんぜおんぼさつぞう》

御真言

おん　まか　きゃろにきゃ　そわか

頭上に戴く11の面が、それぞれ利益を与えるという。やさしい慈悲面、牙をむく狗牙上出面（くげじょうしゅつめん）、暴悪大笑面（ぼうあくだいしょうめん）など表情はさまざま。

千手観世音菩薩像《せんじゅかんぜおんぼさつぞう》

御真言

おん　ばざら　たらま　きりく

実際に千手あるのは稀で、一般には合掌手を含め42本、1本の手で25の世界の人を救うという。各手のひらに目を持ち、千手千眼観音ともいう。

鉢《はち》

僧侶が手にする托鉢の容器。主に釈迦如来や千手観音などが手にしている。

宝螺《ほうら》

ほら貝のこと。千手観音が左手に持ち、天神や善神を呼び寄せる。

数珠《じゅず》

煩悩を断ち切り、十方の仏たちが来て、手を差し延べてもらえる力がある

如意宝珠《にょいほうじゅ》

財宝、延寿などあらゆる願いを叶える珠。如意輪観音などが持っている。

馬頭観世音菩薩像《ばとうかんぜおんぼさつぞう》

御真言

おん　あみりとどはんば
うん　はった　そわか

頭上に馬の頭を戴き、憤怒の形相で諸悪を食い尽くして災厄を除く。地獄におちた者や牛馬を苦悩から救う。西国札所では松尾寺のみ。

准胝観世音菩薩像《じゅんていかんぜおんぼさつぞう》

御真言

おん　しゃれい　それい
そんでい　そわか

悟りを妨げる障害を除く力を持ち、厄除けをはじめ、病気平癒、子授け・安産などの現世利益が。1面18臂の姿が多い。

法輪《ほうりん》

仏の教えが車輪のように広がることを表す。如意輪観音などが持つ。

錫杖《しゃくじょう》

先端に金属製の輪が付いた、音の出る杖。あらゆる人々を救済することを表す。

羂索《けんさく》

五色の糸をよった投げ縄で、教化が難しい者をも余さず捕らえ、慈悲の心で悟りに導く。

五色雲《ごしきうん》

神仙道に導かれるといい、長命が得られる。十一面観音が持っている。

如意輪観世音菩薩像《にょいりんかんぜおんぼさつぞう》

御真言

おん　ばらだ
はんどめい　うん

6本の手で、六道（地獄道・餓鬼道・畜生道・修羅道・人間道・天道）に迷う衆生を救う。如意宝珠と法輪を持ち、頬杖をついて救済策を思案している。

不空羂索観世音菩薩《ふくうけんさくかんぜおんぼさつ》

御真言

おん　はんどま　だら
あぼきゃ　じゃやでい
そろそろ　そわか

不空とは、叶わぬ願いはないという意。手に持つ羂索により投げ縄のように、迷える衆生を救う。西国札所で本尊とするのは興福寺南円堂のみ。

金剛杵《こんごうしょ》

古代インドの武器をかたどった法具。ダイヤのように固く煩悩を打ち砕く。

宝剣《ほうけん》

悪魔を退け、迷いを断ち切る。千手観音や不空羂索観音にも見られる。

宝弓・宝箭《ほうきゅう・ほうせん》（弓矢）

出世をかなえ、良き友を得るという。千手観音は左右に携えている。

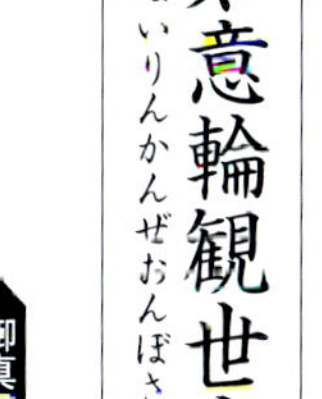

宝戟《ほうげき》

三叉の槍状の武具で、煩悩を砕き、迷いを断つ。千手観音に見られる。

本尊御開帳情報

1 青岸渡寺	如意輪観世音菩薩	2月3日、4月第2日曜、8月17日
2 金剛宝寺（紀三井寺）	十一面観世音菩薩	50年に1度（次回は2020年予定）
3 粉河寺	千手千眼観世音菩薩	永久秘仏
4 施福寺	十一面千手千眼観世音菩薩	常時
5 葛井寺	十一面千手千眼観世音菩薩	毎月18日
6 南法華寺（壷阪寺）	十一面千手千眼観世音菩薩	常時
7 岡寺（龍蓋寺）	如意輪観世音菩薩	常時
8 長谷寺	十一面観世音菩薩	常時
9 興福寺 南円堂	不空羂索観世音菩薩	10月17日
10 三室戸寺	千手観世音菩薩	不定
11 上醍醐・准胝堂（醍醐寺）	准胝観世音菩薩	5月15～21日
12 正法寺（岩間寺）	千手観世音菩薩	不定
13 石山寺	如意輪観世音菩薩	33年に1度（次回は2016年3月18日～12月4日予定）
14 園城寺（三井寺）	如意輪観世音菩薩	33年に1度
15 今熊野観音寺	十一面観世音菩薩	9月21～23日
16 清水寺	十一面千手千眼観世音菩薩	33年に1度
17 六波羅蜜寺	十一面観世音菩薩	辰年（12年に1度）
18 頂法寺（六角堂）	如意輪観世音菩薩	不定
19 行願寺（革堂）	千手観世音菩薩	1月17、18日
20 善峯寺	千手観世音菩薩	1月1～3日、毎月第2日曜
21 穴太寺	聖観世音菩薩	33年に1度
22 総持寺	千手観世音菩薩	4月15～21日
23 勝尾寺	十一面千手観世音菩薩	毎月18日
24 中山寺	十一面観世音菩薩	毎月18日
25 播州清水寺	十一面千手観世音菩薩	常時
26 一乗寺	聖観世音菩薩	不定
27 圓教寺	六臂如意輪観世音菩薩	1月18日
28 成相寺	聖観世音菩薩	33年に1度
29 松尾寺	馬頭観世音菩薩	不定
30 宝厳寺	千手千眼観世音菩薩	60年に1度（次回は2025年予定）
31 長命寺	千手十一面聖観世音菩薩	33年に1度（次回は不定）
32 観音正寺	千手千眼観世音菩薩	常時
33 華厳寺	十一面観世音菩薩	不定

※開帳時期は変更される場合があります。お参りの際は、事前に各寺へお問い合わせください。

行事案内

1月18日

鬼追い会式

圓教寺

毘沙門天の化身である赤鬼と、不動明王の化身の青鬼が、松明や宝剣を手に舞い踊る。御本尊が御開帳される摩尼殿の内陣で、天下泰平と五穀豊穣を祈り行われる。

2月14日

だだおし

長谷寺

修二会法要の締めくくりで行われる伝統儀式。本堂内外で大暴れする鬼たちを、男衆が担ぐ長さ約4.5mの大松明と、法力で追い払う。奈良に春を呼ぶ火祭り。

2月18日

谷汲踊《たにぐみおどり》

華厳寺

五穀豊穣・商売繁盛祈願祭で奉納される郷土芸能。長さ4mの扇状の飾り「しない」を背負い、大太鼓を抱えた踊り手が舞い踊る。4月第2日曜、11月第2日曜にも開催。

2月23日

五大力尊仁王会《ごだいりきそんにんのうえ》

醍醐寺

国家安泰を願う法要。見ものは、男性150kg、女性は90kgの大鏡餅を持ち上げ、その時間を競う「餅上げ力奉納」。この日に限り、盗難・厄除けのお札「御影」が授与される。

4月8日

仏生会《ぶっしょうえ》

興福寺

お釈迦さまの誕生日に行われる、いわゆる花祭り。南円堂前に設置した花御堂に釈迦誕生仏を祀り、甘茶を注いで誕生を祝う。参拝者にも甘茶がふるまわれる。

5月8日

仏舞《ほとけまい》

松尾寺

国の重要無形民俗文化財に指定される伝統行事。江戸時代初期には行われていた。釈迦・大日・阿弥陀如来の面を付けた6人が、雅楽に合わせて典雅に舞う。

5月中旬の土・日曜

千団子祭《せんだんごまつり》

園城寺（三井寺）

三井寺の守護神である鬼子母神の祭礼。千人の子をもつという鬼子母神に千個の団子を供え、子供の健やかな成長を祈願する。境内では植木市・苗木市も開催される。

7月上旬開催

ハス酒を楽しむ会

三室戸寺

100種250鉢のハスが咲く三室戸寺の人気行事。ハスの葉に酒を注ぎ、茎から飲むユニークな体験ができ、健康・長寿に効き目があるとか。先着300名、500円。（要問合せ）

8月9日

星下り大会式

中山寺

西国霊場の観音が、星が降るように中山寺に集まる日とされ、この日に参れば、三十三所を参拝したのと同じ、また4万6000口参ったのと同じ功徳が得られるという。

中秋の名月の時期

秋月祭

石山寺

紫式部が十五夜の月を見て『源氏物語』を構想したという伝承に因んで開催。硅灰石や国宝の多宝塔などがライアップされ、境内に約2000個の灯火が並べられる。

10月18日

めがね供養会

南法華寺（壷阪寺）

秋の眼病封じ祈願会と併せて行われる、古くなった眼鏡やコンタクトレンズを供養する法要。眼鏡やコンタクトレンズは境内の「めがね供養観音」の台座に奉納される。

12月13～31日（31日は非公開）

空也踊躍念仏《くうやゆやくねんぶつ》

六波羅蜜寺

体を揺らしながら念仏を唱える秘儀で、その年の罪を滅ぼし、新年の幸福を祈る。開山の空也上人が民衆の救済のために始めたもので、国重要無形民俗文化財に指定。

西国三十三所 花カレンダー

西国観音霊場の多くは、花の名所としても知られている。桜を筆頭に、四季折々の花に包まれた境内は格別だ。

	1月	2月	3月	4月	5月	6月	7月	8月	9月	10月	11月	12月
1 青岸渡寺				ボタン								
2 金剛宝寺（紀三井寺）				桜	花ショウブ	アジサイ						
3 粉河寺				桜	サツキ							
4 施福寺				桜								
5 葛井寺				桜、藤								
6 南法華寺（壷阪寺）				桜、ボタン			ラベンダー					
7 岡寺（龍蓋寺）				ヤマブキ、シャクナゲ	サツキ							
8 長谷寺	寒ボタン	梅、椿		桜、ボタン、ツツジ、シャクナゲ		アジサイ	ハス		彼岸花	モクセイ		寒ボタン
9 興福寺 南円堂				藤			サルスベリ					
10 三室戸寺				桜、ツツジ、シャクナゲ		アジサイ	ハス					
11 上醍醐・准胝堂（醍醐寺）				桜							菊	
12 正法寺（岩間寺）				桜		アジサイ						リザンカ
13 石山寺	寒椿	梅		桜、ボタン、藤、キリシマツツジ		花ショウブ		ハス		ムラサキシキブ		サザンカ
14 園城寺（三井寺）				桜								リザンカ
15 今熊野観音寺		梅		桜								

紀三井寺の桜

葛井寺の藤

番号	寺	花
16	清水寺	桜
17	六波羅蜜寺	
18	頂法寺（六角堂）	桜
19	行願寺（革堂）	
20	善峯寺	椿、桜、ヒラドツツジ、ボタン、シャクヤク、アジサイ、タカサゴユリ、秋明菊
21	穴太寺	ボタン、クルメツツジ
22	総持寺	桜
23	勝尾寺	桜、ボタン、シャクナゲ、アジサイ
24	中山寺	梅、桜
25	播州清水寺	桜、クリンソウ、シャクナゲ、アジサイ
26	一乗寺	桜
27	圓教寺	桜、ツツジ、アジサイ
28	成相寺	桜、シャクナゲ
29	松尾寺	桜
30	宝厳寺	桜
31	長命寺	サツキ、アジサイ
32	観音正寺	桜、大賀ハス
33	華厳寺	桜

三室戸寺のハス

善峯寺の秋明菊

長谷寺のボタン

西国三十三所 札所一覧

「やすらぎ」や「救い」を求めて、
今なお多くの人を惹きつけてやまない西国霊場の旅。
札所巡りは、番号順にこだわらず、どこから参拝してもかまわない。
無事にお参りできる事に感謝しつつ。満願を目指して旅してみよう。

那智山 青岸渡寺

なちさん せいがんとじ

第1番

▶p22

☎ 0735-55-0001
和歌山県東牟婁郡那智勝浦町那智山8
天王寺駅からJR紀勢本線特急で約3時間30分、紀伊勝浦駅下車、熊野交通バス那智山行きで25分、終点下車、徒歩10分
紀勢自動車道南紀すさみ南ICから約63㎞
¥ 境内自由(三重塔拝観300円)
5時～16時30分(三重塔9～15時最終受付)
P 80台(通行料800円)

紀三井山 金剛宝寺(紀三井寺)

きみいさん こんごうほうじ(きみいでら)

第2番

▶p26

☎ 073-444-1002
和歌山県和歌山市紀三井寺1201
天王寺からJR阪和線紀州路快速で約1時間10分、和歌山駅乗り換え、JR紀勢本線普通で6分、紀三井寺駅下車、徒歩10分
阪和自動車道和歌山ICから約9㎞
¥ 200円(仏殿展望回廊は別途100円)
8～17時
P 30台(有料)

風猛山 粉河寺

ふうもうざん こかわでら

第3番

▶p30

☎ 0736-73-4830
和歌山県紀の川市粉河2787
天王寺からJR阪和線紀州路快速で約1時間10分、和歌山駅乗り換え、JR和歌山線で約35分、粉河駅下車、徒歩15分
阪和自動車道和歌山ICから約20㎞
¥ 境内自由(本堂内陣拝観400円)
8～17時
P 100台(有料)

槇尾山 施福寺

まきのおさん せふくじ

第4番

▶p34

☎ 0725-92-2332
大阪府和泉市槇尾山町136
難波駅から南海高野線・泉北高速準急で35分、和泉中央駅下車。南海バス槇尾山口行きまたは父鬼行きで21分、槇尾中学校前下車、オレンジバス槇尾山行きに乗り換え12分、終点下車、徒歩30分※バス便少なく、平日と日曜・祝日で時刻が異なるので要確認 阪和自動車道岸和田和泉ICから約12㎞ ¥ 境内自由(本堂内拝観500円) 8～17時(12～2月は～16時) P 100台

紫雲山 **葛井寺**
しうんざん ふじいでら

第5番

▶p38

☎ 072-938-0005
大阪府藤井寺市藤井寺1-16-21
大阪阿部野橋駅から近鉄南大阪線準急で13分、藤井寺駅下車、徒歩5分
西名阪自動車道藤井寺ICから約1.5㎞
¥ 境内自由(毎月18日の本尊拝観は500円)
8～17時
P あり(有料。駐車場☎072-955-0578)

壷阪山 **南法華寺**(壷阪寺)
つぼさかさん みなみほっけじ(つぼさかでら)

第6番

▶p42

☎ 0744-52-2016
奈良県高市郡高取町壷阪3
大阪阿部野橋駅から近鉄南大阪線・吉野線急行で約45分、壺阪山駅下車、奈良交通バス壷阪寺前行きで11分、終点下車、徒歩3分。※壺阪山駅からのバスは1日4便(冬は2便)
南阪奈道路葛城ICから約18㎞
¥ 600円 8時30分～17時
P 80台(有料)

東光山 **岡寺**(龍蓋寺)
とうこうざん おかでら(りゅうがいじ)

第7番

▶p46

☎ 0744-54-2007
奈良県高市郡明日香村岡806
大阪阿部野橋駅から近鉄南大阪線急行で約40分、橿原神宮前駅下車、奈良交通バス飛鳥駅行きで27分、岡寺前下車、徒歩10分 南阪奈道路葛城ICから約15㎞
¥ 300円(平成27年12月から400円)
8～17時(12～2月は～16時30分)
P 周辺有料駐車場利用

豊山 **長谷寺**
ぶざん はせでら

第8番

▶p50

☎ 0744-47-7001
奈良県桜井市初瀬731-1
大阪上本町駅から近鉄大阪線急行で約35分、大和八木駅乗り換え、同線準急で約15分、長谷寺駅下車、徒歩20分
南阪奈道路葛城ICから約21㎞
¥ 500円
8時30分～17時(10～3月は9時～16時30分)
P 70台(有料)

興福寺 **南円堂**
こうふくじ なんえんどう

第9番

▶p54

☎ 0742-22-7755(寺務所) 0742-24-4920(南円堂納経所)
奈良県奈良市登大路町48
大阪難波駅から近鉄奈良線快速急行で約40分、近鉄奈良駅下車、徒歩5分
第二阪奈道路宝来ICから約6㎞
¥ 境内自由(東金堂300円、国宝館600円。共通券800円)
9～17時
P 50台(有料)

明星山 **三室戸寺**
みょうじょうざん みむろとじ

第10番

▶p58

☎ 0774-21-2067
京都府宇治市菟道滋賀谷21
京都駅からJR奈良線で23分、黄檗駅乗り換え、京阪宇治線で3分、三室戸駅下車、徒歩15分
京滋バイパス宇治西ICから約4㎞
(滋賀方面からは宇治東IC利用)
¥ 500円(宝物殿は別途300円)
8時30分～16時30分(11～3月は～16時) P 300台(有料)

深雪山 上醍醐・准胝堂(醍醐寺)
みゆきさん かみだいご・じゅんていどう(だいごじ)

第11番

▶p62

☎ 075-571-0002
京都府京都市伏見区醍醐東大路町22
京都駅からJR琵琶湖線で5分、山科駅下車、地下鉄東西線で7分、醍醐駅下車、徒歩15分
名神高速京都東ICから約5km
¥ 下醍醐伽藍・三宝院・霊宝館・上醍醐各600円
9～17時(冬期は～16時)
P 100台(有料)

岩間山 正法寺(岩間寺)
いわまさん しょうほうじ(いわまでら)

第12番

▶p66

☎ 077-534-2412
滋賀県大津市石山内畑町82
京都駅からJR琵琶湖線新快速で13分、石山駅下車、京阪バス52・53・54系統で13分、中千町下車、徒歩50分。
※毎月17日は石山駅から正法寺まで直通のシャトルバスが運行
名神高速瀬田西ICから約8km(名古屋方面からは名神高速瀬田東IC利用、宇治方面からは京滋バイパス石山IC利用)
¥ 300円 9時～16時30分 P 30台

石光山 石山寺
せっこうざん いしやまでら

第13番

▶p70

☎ 077-537-0013
滋賀県大津市石山寺1-1-1
京都駅からJR琵琶湖線新快速で13分、石山駅下車、京阪バス1・52・53・54系統で7分、石山寺山門前下車すぐ
名神高速瀬田西ICから約3km(名古屋方面からは名神高速瀬田東IC利用、宇治方面からは京滋バイパス石山IC利用)
¥ 600円(本堂内陣拝観は別途300円) 8時～16時30分
P 140台(有料)

長等山 園城寺(三井寺)
ながらさん おんじょうじ(みいでら)

第14番

▶p74

☎ 077-522-2238(代表) 077-524-2416(札所)
滋賀県大津市園城寺町246
京都駅からJR琵琶湖線新快速で5分、山科駅下車、隣接の京阪山科駅から京阪京津線で12分、浜大津駅乗り換え、京阪石山坂本線で2分、三井寺駅下車、徒歩10分
名神高速大津ICから約3.5km
¥ 600円 8～17時
P 350台(有料)

新那智山 今熊野観音寺
しんなちさん いまくまのかんのんじ

第15番

▶p78

☎ 075-561-5511
京都府京都市東山区泉涌寺山内町32
京都駅から市バス208系統で14分、泉涌寺道下車、徒歩10分
名神高速京都南ICから約6km
¥ 境内自由
8～17時
P 10台

音羽山 清水寺
おとわさん きよみずでら

第16番

▶p82

☎ 075-551-1234
京都府京都市東山区清水1-294
京都駅から市バス100系統などで約15分、五条坂または清水道下車、徒歩10分
名神高速京都南ICから約8km
¥ 300円
6～18時(季節により異なる)
P なし

補陀洛山 六波羅蜜寺
ふだらくさん ろくはらみつじ

第17番

▶p86

☎ 075-561-6980
京都府京都市東山区五条通大和大路上ル東
京都駅から市バス100系統などで約15分、清水道下車、徒歩5分
名神高速京都南ICから約7㎞
¥ 境内自由（宝物館600円）
8～17時（宝物館は8時30分～16時30分受付終了）
P なし

紫雲山 頂法寺（六角堂）
しうんざん ちょうほうじ（ろっかくどう）

第18番

▶p90

☎ 075-221-2686
京都府京都市中京区六角通東洞院西入ル堂之前町248
京都駅から地下鉄烏丸線で6分、烏丸御池駅下車、徒歩3分
名神高速京都南ICから約7㎞
¥ 境内自由
6～17時（納経は8時～）
P なし

霊麀山 行願寺（革堂）
れいゆうざん ぎょうがんじ（こうどう）

第19番

▶p94

☎ 075-211-2770
京都府京都市中京区寺町通竹屋町上ル行願寺門前町17
京都駅から地下鉄烏丸線で7分、丸太町駅下車、徒歩20分
名神高速京都南ICから約9㎞
¥ 境内自由
8時～16時30分
P なし

西山 善峯寺
にしやま よしみねでら

第20番

▶p98

☎ 075-331-0020
京都府京都市西京区大原野小塩町1372
京都駅からJR京都線快速で7分、向日町駅下車、阪急バス善峯寺行きで34分、終点下車、徒歩7分 ※向日町駅からのバスは、冬期（1月6日～2月末日）は小塩までの運行（小塩から寺まで徒歩30分）
京都縦貫自動車道長岡京ICから約8㎞
¥ 500円　8～17時　P 150台（有料）

菩提山 穴太寺
ぼだいさん あなおじ

第21番

▶p102

☎ 0771-24-0809
京都府亀岡市曽我部町穴太東ノ辻46
京都駅からJR嵯峨野線で27分、亀岡駅下車、京阪京都交通バス京都学園大学行きで8分、穴太口下車、徒歩10分。または亀岡駅から京阪京都交通バス穴太寺線で19分、穴太寺前下車すぐ。
京都縦貫自動車道亀岡ICから約1.5㎞
¥ 境内自由（本堂・庭園500円）　8～17時　P 50台（有料）

補陀洛山 総持寺
ふだらくさん そうじじ

第22番

▶p106

☎ 072-622-3209
大阪府茨木市総持寺1-6-1
梅田駅から阪急京都線特急で16分、茨木市駅乗り換え、同線普通で2分、総持寺駅下車、徒歩7分
名神高速茨木ICから約3㎞
¥ 境内自由
6～17時（納経は8時～）
P 20台（有料）

応頂山《おうちょうざん》 勝尾寺《かつおうじ》

第23番

▶p110

☎ 072-721-7010
🏠 大阪府箕面市勝尾寺
🚃 梅田駅から大阪市営地下鉄御堂筋線で21分、千里中央駅下車、阪急バス29系統で31分、勝尾寺下車すぐ
🚗 名神高速茨木ICから約10㎞
¥ 400円
🕘 8～17時（土曜は～17時30分、日曜・祝日は～18時）
P 350台（有料）

紫雲山《しうんざん》 中山寺《なかやまでら》

第24番

▶p114

☎ 0797-87-0024
🏠 兵庫県宝塚市中山寺2-11-1
🚃 梅田駅から阪急宝塚線急行で27分、中山観音駅下車すぐ
🚗 中国自動車道宝塚ICから約3㎞
¥ 境内自由
🕘 9～17時
P 周辺有料駐車場利用

御嶽山《みたけさん》 播州清水寺《ばんしゅうきよみずでら》

第25番

▶p118

☎ 0795-45-0025
🏠 兵庫県加東市平木1194
🚃 大阪駅からJR宝塚線丹波路快速で50分、相野駅下車、神姫バス清水寺行きで46分、終点下車、徒歩すぐ。※バスは1日2便。
🚗 舞鶴若狭自動車道三田西ICまたは中国自動車道ひょうご東条ICから約14㎞
¥ 500円 🕘 8～17時
P 340台

法華山《ほっけさん》 一乗寺《いちじょうじ》

第26番

▶p122

☎ 0790-48-2006（本坊）0790-48-4000（納経所）
🏠 兵庫県加西市坂本町821-17
🚃 大阪駅からJR神戸線新快速で61分、姫路駅下車、神姫バス法華山一乗寺経由社行きで37分、法華山一乗寺下車すぐ
🚗 山陽自動車道加古川北ICから約5㎞
¥ 500円（宝物館は別途500円、要予約）
🕘 8～17時（納経は8時30分～）
P 150台（有料）

書寫山《しょしゃざん》 圓教寺《えんぎょうじ》

第27番

▶p126

☎ 079-266-3327
🏠 兵庫県姫路市書写2968
🚃 大阪駅からJR神戸線新快速で61分、姫路駅下車、神姫バス書写山ロープウェイ行きで28分、終点下車、書写山ロープウェイで4分、山上駅下車、徒歩20分
🚗 山陽自動車道姫路西ICから約5.5㎞（ロープウェイ山麓駅まで）
¥ 500円 🕘 8時30分～17時（季節により異なる）
P ロープウェイ山麓駅にあり

成相山《なりあいさん》 成相寺《なりあいじ》

第28番

▶p130

☎ 0772-27-0018
🏠 京都府宮津市成相寺339
🚃 京都駅からJR山陰本線・京都丹後鉄道特急はしだてで約2時間、天橋立駅下車。徒歩5分の天橋立桟橋から丹後海陸交通の観光船で12分、一の宮桟橋下船。徒歩5分の府中駅から傘松ケーブルで6分、傘松駅で成相登山バスに乗り換え7分、成相寺下車。
🚗 京都縦貫自動車道与謝天橋立ICから約8.5㎞
¥ 500円 🕘 8時～16時30分 P 50台

青葉山 松尾寺
あおばさん まつのおでら

第29番

▶p134

☎0773-62-2900
京都府舞鶴市松尾532
京都駅からJR山陰本線・舞鶴・小浜線特急まいづるで1時間35分、東舞鶴駅乗り換え、小浜線で7分、松尾寺駅下車、徒歩50分 ※JR東舞鶴駅から2時間貸切観光タクシー(舞鶴トラベル☎0773-62-2662)あり。
舞鶴若狭自動車道舞鶴東ICから約8㎞
¥ 境内自由(宝物殿800円) 8～17時 P あり(有料)

竹生島 宝厳寺
ちくぶしま ほうごんじ

第30番

▶p138

☎0749-63-4410 滋賀県長浜市早崎町1664
京都駅からJR琵琶湖線新快速で1時間5分、長浜駅下車、徒歩10分の長浜港から琵琶湖汽船で30分、竹生島港下船。ほかに彦根港(JR琵琶湖線彦根駅からバス10分)からオーミマリン、今津港(JR湖西線近江今津駅から徒歩5分)から琵琶湖汽船の定期船が運航。
※今津港からの船は冬期、正月3が日を除き土・日曜、祝日のみ運航。長浜港、彦根港からの船も冬期は減便。また年間を通し、荒天による欠航があるので注意
長浜港へは北陸自動車道長浜ICから約5㎞、彦根港へは名神高速彦根ICから約4㎞、今津港へは名神高速京都東ICから西大津バイパス・湖西道路経由で約54㎞
¥ 拝観無料(要入島料400円)、宝物館300円
9時30分～16時30分
P 各港に無料駐車場あり

姨綺耶山 長命寺
いきやさん ちょうめいじ

第31番

▶p142

☎0748-33-0031
滋賀県近江八幡市長命寺町157
京都駅からJR琵琶湖線新快速で約35分、近江八幡駅下車、近江鉄道バス長命寺行きまたは休暇村行きで25分、長命寺下車、徒歩20分
名神高速竜王ICから約16㎞
¥ 境内自由 8～17時
P 50台

繖山 観音正寺
きぬがささん かんのんしょうじ

第32番

▶p146

☎0748-46-2549
滋賀県近江八幡市安土町石寺2
京都駅からJR琵琶湖線新快速で39分、能登川駅下車、近江鉄道バス八日市方面行きで12分、観音寺口下車、徒歩50分。またはJR琵琶湖線安土駅から徒歩1時間40分 名神高速竜王ICから約14㎞(表参道山上駐車場まで。裏参道山上駐車場へは竜王ICから約19㎞、または名神高速八日市ICから約13㎞)
¥ 500円(本堂内陣参拝は別途300円) 8～17時 P あり

谷汲山 華厳寺
たにぐみさん けごんじ

第33番

▶p150

☎0585-55-2033
岐阜県揖斐郡揖斐川町谷汲徳積23
京都駅からJR琵琶湖線新快速で53分、米原駅乗り換え、JR東海道線普通で約35分、大垣駅乗り換え、樽見鉄道で約40分、谷汲口下車。名阪近鉄バス谷汲山行きで8分、終点下車、徒歩15分 名神高速関ケ原ICから約30㎞
¥ 境内自由 8～17時(納経は～16時30分)
P 付近に町営有料駐車場700台あり